JN437027

객승 客僧

김광영 수필집

객승客僧

인쇄 / 2013년 6월 12일
발행 / 2013년 6월 20일

지은이 / 김 광 영
발행인 / 서 정 환
발행처 / 수필과비평사

출판등록 / 1984년 8월 17일 제28호
주　소 / 서울시 종로구 삼일대로 32길 36
(익선동 30-6 운현신화타워 빌딩) 301호
전　화 / (02) 3675-5633, (063) 275-4000
팩　스 / (063) 274-3131
E-mail / essay321@hanmail.net

값 13,000원

ISBN 978-89-98524-59-3 03810

이 도서의 국립중앙도서관 출판시도서목록(CIP)은 서지정보유통지원시스템 홈페이지(http://seoji.nl.go.kr)와 국가자료공동목록시스템(http://www.nl.go.kr/kolisnet)에서 이용하실 수 있습니다.(CIP제어번호: CIP2013008639)

※ 저자와 협의, 인지는 생략합니다.
※ 잘못된 책은 바꿔 드립니다.

※ 이 책은 2013년 부산문화재단 지역문화예술육성지원 사업의 일부지원금을 받아 발간되었습니다.

객승 客僧

김광영 수필집

수필과비평사

■ 책머리에

전생에 죄를 많이 지은 사람은 이생이 고달프다고 했다. 힘들 때마다 내가 태어날 때 나를 향해 비춘 별빛을 원망했고, 곤고한 여정이 버거워 먼 산을 향해 한숨도 많이 날렸다. 풀어내지 않으면 병이 될 것 같아 글을 썼다. 쓰다 보니 마음의 밭갈이가 되었고 속에 박힌 크고 작은 사연들을 골라 소금을 친 뒤 글항아리에 꾹꾹 눌러 담았다. 십여 년간 덮어두었더니 몇 년 전부터 세상 밖으로 나가려고 꿈틀댔지만 비상할 수 있는 힘이 실릴 때까지 기다렸다.

올해 정초에 부산문화재단에서 드디어 나의 글항아리에서 빨간 날개가 돋았다는 기별이 왔다. 고달팠던 일화들과 생뚱맞은 이야기들, 그리고 나무와 새와 꽃들과 소통한 이야기들이 세상구경 나선다고 야단들이다. 하나 정작 쓰고 싶은 이야기들은 힘에 부쳐 드러낼 수 없는 것이 여한으로 남는다.

처음으로 개봉하는 글항아리가 부끄럽고 걱정도 된다. 곰삭은 젓갈 같은 맛이야 언감생심이지만 삭지 않은 온마리라도 없었으면 하는 바람이다.

아버지 영전에 삼가 이 글을 올립니다.

2013년 5월

회야강변에서 김광영

■ 목차

2

3

4

5

1

끝을 누르는 꽃

객승

술꾼의 아내

배냇 그릇

비원悲願

바위섬

편지

고적한 산방

이장移葬

함函

끝을 누르는 꽃

후미진 곳도 버려진 땅도 개의치 않는다. 잡초들 틈에라도 심어만 주면 꿈을 이루리다. 내가 피우는 것은 사랑받기 위한 꽃이 아니다. 아름다운 이 땅에 끝까지 종족을 지켜내기 위해 절치 고심하는 모성의 꽃이다. 푸른 날의 영화를 보기보다 끝까지 살아남아야 할 무거운 소망을 품은 꽃이기에. 고운 꽃이라 인정받지 못해도 좋으니 제발 측은한 눈길일랑 거두어 주었으면…….

산비탈 돌밭이나 밭두렁에서 수더분하게 피어나는 호박꽃을 보면 그런 이야기가 조잘조잘 흘러나올 것만 같다. 기름진 밭에 엉덩이 한 줌 걸치지도 못하고 각박하게 뿌리를 내리는 처지에도 탐스러운 열매를 맺는 걸 보면 궁핍 속에서도 많은 자식을 길러내던 우리들 어버이를 연상케 한다. 매혹적인 향기 대신 정결한 어머니의 살 냄새를 풍기는 호박꽃은 사랑스러운 식물이다.

폭염 속에서도 열매를 위한 염원만 가득해서 넙죽한 잎들에게 자양분을 보내라고 다그치는 듯하다. 그러나 잎들의 광합성작용은 열매보다는 꽃을 위하는 듯, 짙푸른 엽록소를 만들어 외모에 자신 없는 꽃송이를 받들기에 여념이 없다. 잎은 꽃을 위해 헌신하고 꽃은 열매를 위해 정열을 소진하는 희생의 피조물이다.

후덥지근한 여름날 잠 못 이루고 아침 산책길을 나서면 밤새 이슬에 젖은 호박꽃이 동백기름 바르고 친정걸음하시는 어머니를 떠올리게 한다.

아름다움은 꽃과 여자에게 통용되는 만고불변의 법칙이다. 색스럽지도 매력적이지도 못해 사람들의 눈길 한번 제대로 못 받는 호박꽃을 보면 왠지 측은해진다. 모름지기 꽃이라면 예뻐야 한다는 가치 기준이 바뀌지 않는 한 못난 꽃이란 대명사는 변하지 않는다. 하지만 호박꽃은 자신의 외모를 탓하지 않는다. 운명을 탓하기보다 스스로 개척하고 만들어가는 여장부의 모습이다. 자연세계는 공평하고 순수하여 벌 나비들은 못생긴 호박꽃을 구박하지 않는다. 오히려 달콤한 향기에 빠져들면 긴긴 여름날 해 지는 줄 모른다. 가진 것 몽땅 주어도 아까워할 줄 모르는 호박꽃의 넉넉한 인심이 주렁주렁 탐스러운 열매가 되어 쏟아진다.

프로메테우스가 하늘에서 훔쳐왔다는 불씨의 색깔, 황색을 선호하는 그는 꽃이라기보다는 세상을 밝히는 한 촉의 촛불인가 싶다. 철부지 적 기억 속에 잠긴 호박꽃을 건져 올리면 늘 아련한 초롱불로 떠오른다. 벌이 앉은 호박꽃을 두 손에 움켜잡고 초롱불 밝혀 달라 떼를 쓰던 유년의 기억도 새록새록 피어난다. 나는 가끔 호박꽃에서 불을 찾았으니. 화신火神이 화신花神으로 착각하며 피어 꽃 중에도 성스러운 선각화로 여겨진다. 신이 꽃과 열매를 두고 한 가지만 택하라고 했을 때 열매를 택한 지혜로운 호박꽃은 사람의 눈을 즐겁게 현혹하기보다 먹히어 피와 살이 되고자 하는 자비의 화신이다.

호박꽃은 우리나라가 원산지가 아니다. 머나먼 남미에서 이주해 온 이민가의 후손이다. 비록 토종은 아니지만 슬기롭게도 성공하는 조건, 운·둔·근 세 박자를 모두 갖춘 식물이다. 기름진 이 땅에 이주한 것이 '운'이고 매혹적이지 못해 관심 밖이지만 그로 인해 꺾이는 화를 면할 수 있는 것도 복이다. 그깟 인기에 연연하지 않고 초연하게 피어나는 호박꽃은 어리석게도 넝쿨이 휘도록 무겁게 살지만 그 성실함으로 인류의 사랑을 받는 게 아닐까.

제 아무리 예쁜 장미도 화무십일홍이라는 순리는 이기지 못한다. 그러기에 호박꽃은 계절의 끝자락에도 절망하지 않고 끊임없이 열매를 맺어 가을 담장에 희망을 얹는다. 곧 부지런함이 '근'에 속하니 넝쿨이 시들시들 마를 때까지 생을 포기하지 않는 근면성에 나는 박수를 보낸다.

제 한 몸 가꾸기에 안달이던 꽃들은 찬바람이 불면 곧 허물어지지만 호박은 바싹 마른 꼬투리에 고추잠자리 앉혀놓고 희롱하는 여유가 있다. 못생긴 꽃이라고 타박받던 푸른 날을 보상이라도 하듯 황금빛 자손을 주렁주렁 거느렸으니 감히 누가 그를 함부로 무시하겠는가. 찬바람 부는 엄동이 오면 금빛 찬란한 열매들은 안방 장식장에 올라

복을 불러들이는 신줏단지로 격상한다.

가끔은 머나먼 마추픽추의 하늘빛이 생각날까. 안데스산자락의 소달구지 덜컹거리던 석양 길이 그립기도 하겠지만 뿌리 내려 살다 보면 고향이 따로 없다. 이민가의 후손으로 묵묵히 제 자리를 지키며 열매로 끝을 누르는 호박꽃을 좋아한다.

객승

집도 사람이 들지 않으면 외로움을 타는가. 거뭇하게 삭아가는 서까래는 왕거미가 휘휘 줄을 쳤고, 기둥뿌리엔 개미들이 집을 지어 분주하게 드나들었다. 깜깜한 토굴 안은 더더욱 괴괴했다. 유영遺影이라도 걸려 있나 들여다봤더니 유리창에 얼비치는 내 그림자마저 끌어당길 듯 음습함이 가득하여 얼른 내려와 버렸다. 지난 가을 모과를 주우려고 올라갔을 때의 묘관음사 '금모대' 풍경이다.

그렇게 몇 년을 비워둔 토굴에 노스님 한 분이 들었다. 젊은 날이 절에서 도인스님을 경호하리만큼 강단 있던 분이라는데 그때의 기골은 간 곳 없고 삭정이 같은 노구를 이끌고 오셨다. 늙어서 좋은 건 호박과 고승뿐이라지만 걸망 하나 달랑 메고 나타나신 품새가 영락없는 걸승이다.

안방에 걸어둔 수묵화 속의 등 굽은 노승을 닮았다. 그간 골 깊은 산사에서 수행을 하시다가 해조음이 그리워 바닷가 절로 돌아오신 노스님께 연민의 정이 인다. 흔히들 노년을 무르익은 황금빛깔에 비유하지만 석양에 든 노승은 우울한 잿빛이다. 혈육의 정을 끊고 부처님의 품으로 들어온 스님들은 늙고 쇠락해져도 속가엔 내려가지 못한다. 이 절 저 절 돌다가 갈 곳 없어 찾아온 객승인가 짐작했다.

눈으로 보이는 게 전부가 아닌가 보다. 짐작이지만 큰 실수를 할 뻔했다. 이튿날 아침, 조공을 마치고 스님이 짐을 푼 토굴로 인사차 올라갔더니 쓸쓸한 뜰이 노승의 불경 소리로 채워지고 있었다. 오뉴월에 엿가락같이 늘어지는 염불 소리가 가냘프게 울어대는 휘파람새와 온갖 새들의 지저귐에 배합되어 관중도 지휘자도 없는 음악회를 방불케 한다. 우리는 그곳에 초대받은 객이 된 듯 멍하니 서 있었다. 그러다가 용기를 내어

"스님, 저희들 인사드리러 왔어요. 방으로 드시지요."

했더니 낡은 옷깃을 여미며 "마 여기서 편하게 봐유." 하신다. 법랍을 보나 세수를 보나 일 배를 받아도 어색하지 않겠건만 느릿한 충청도 말씨로 기어코 사양을 하신다. 공양주와 시자를 거느리고 제후처럼 사는 스님에 비하면 소탈함이 넘쳐 겸손의 극치다. 뜰 가운데 서서 인사를 드리자 우리보다 더 깊이 허리를 굽히신다. 무언의 가르침인가. 뻣뻣한 내 자세가 황당하고 송구스럽다. 하지만 무안함은 순간이고 보기 드문 스님의 귀한 법문에 울컥 욕심이 솟는다. 평생을 수좌스님으로 지냈던 분이라 더더욱 기대가 큰데 웬걸, 승복 주머니에서 한 움큼 지폐를 꺼내시는 게 아닌가. 용채를 드려야 할 우리가 용돈 받을

처지인가. 민망하기 짝이 없다.

"나 돈 많어, 천만 원이나 있어. 스님이 주는 돈은 복전이여, 주지스님과 총무스님도 줬응께 받어. 괜찮어."

머뭇머뭇 셋이서 받은 돈이 제법 많은 액수라 온몸에 진땀이 난다.

"난 은사를 잘 만나서 바로 배웠어. 돈은 아껴 쓰고, 만약에 돈이 생기면 나눠서 가지고, 부처님 법대로 살다가 때가 되면 가볍게 훨훨 가라고 하셨어."

대숲에 이는 바람 소리가 이처럼 가벼울까. 담박하지만 무거운 교훈이다. 태어날 때부터 세상을 다 쥘 듯 옴켜진 주먹안의 욕심을 죄다 버리고 은사스님의 말씀대로 사시는가 보다. 깡마른 스님의 체구를 이제야 알겠다. 소식에, 오후불식에, 더더구나 50년간 육식이라곤 하지 않았다니 뼈 장작처럼 마를 수밖에. 그런 스님을 맞이해서인지 마당 가운데 우뚝 선 소사나무도 바람에 잎을 털어내느라 쉴 새 없이 흔들어댄다.

불자들은 맑은 스님 한 분을 만나 뵙는 게 간절한 바람이다. 숨은 도인이 오셨다는 걸 어찌 알았는지 친견하고 싶다는 보살들이 찾아와 줄을 선다. 애시 당초에 사람을 올려 보내지 말라고 못을 박은 스님께 허락을 받아내기란 여간 힘든 일이 아니다. 대중공양 들어온 과일을 가지고 올라갔을 때도 이미 대나무 두 개로 바리케이트는 쳐져 있었다. 새벽에 분홍 보자기로 싼 찬합을 들고 와서 점심공양까지 챙겨 가시면 하루 종일 스님의 얼굴은 뵐 수가 없다. 선방스님들이 죽비를 치고 정진하시는 동안, 노스님은 토굴에 홀로 앉아 화두에만

몰입하신다. 그런 스님께 친견은 마장이란 생각이 들어 여러 번 거절했는데, 원주실에서 물러나지 않는 신도 때문에 어쩔 수 없이 토굴로 올라갔다.

"보살, 나 말이야. 이 절에서 오래 살고 싶으니 도와줘야 혀. 신도들이 날 자꾸 찾으면 난 또다시 다른 절로 떠나야 혀. 무슨 말인지 알것지."

이제야 정신이 번쩍 든다. 사람 만나는 게 진정 싫은 줄 알았더니 그게 아니다. 객승과 주승 간에 지켜야 할 뭔가가 있다는 걸 감지했다. 신도들이 법당에 그득히 앉는 초하룻날도 그랬다. 주지스님께서 법문 하시라고 법상 위에 모셨더니 산부처처럼 침묵만 지키다가 내려오셨다는 걸 들어서 안다.

'말 없는 법문' 때문에 신도들의 궁금증은 더더욱 술렁댔지만 객승의 겸손이라 짐작했다. 주승이 훌륭하게 보이려면 배경인물은 흐릿하고 작게 비쳐야만 된다는 걸 수행하신 고승이 모를 리가 없다.

스님이 유일하게 승과 속을 넘나드는 건 일간지 신문이다. 거기서도 속세의 진풍경이 펼쳐지는 첫 면에서 시간을 많이 할애하신다. 논쟁이 빼곡한 그 바닥은 보면 볼수록 속세와 멀어지고 싶은 지면일 터이다. 그래서인지 면벽을 하고 내공을 다지는 것 외에는 모든 것이 헛것이라는 지론을 펼칠 때면 청춘을 다 사원 승가의 길이 촌치도 후회 없어 보인다.

굽은 등 너머로 '佛' 자가 훤하다.

술꾼의 아내

술꾼의 아내는 전생에 탈옥수다. 지은 죗값을 못다 치르고 이승의 담을 넘어왔기에 그런 수모와 고통을 당하며 지낸다. 사람이 술을 마실 땐 낭만과 풍류를 겸비하지만 술이 사람을 마시는 변괴가 시작되면 괴상망측한 행동을 서슴없이 한다. 엇박자로 걷는 구두 발걸음 소리는 기본이고 18번 애창곡 소리에 온 동네 개들이 짖어대 이웃의 단잠을 깨우는 것부터 시작한다.

술꾼 아내의 속은 태평양 바다만큼 평수가 넓어야 한다. 평소에 쌓인 꼬투리를 확대경으로 비추며 시비를 걸어오기 때문이다. 그날 입었던 와이셔츠 단추가 달랑거렸다면 반드시 저녁엔 시빗거리가 되고 너덜너덜한 허리띠 하나라도 버리고 나면 10년간 취객의 입 반찬으로 곱씹어진다. 술꾼의 아내는 항상 빠듯하게 살아야 한다. 월급의 우선

권이 주모에게 있어 먼저 챙기고 남는 돈이 생활비로 전해지기 때문이다. 한심한 액수다. 주대 지불의 신용 등급은 일등급이다. 그래서 필히 안사람이 부업을 해야만 고깃국이라도 한두 번 먹을 수 있고 아이들 입성이라도 남의 눈에 빠지지 않게 입힐 수 있다. 술값으론 돈을 펑펑 쓰지만 가제도구 하나라도 바꾸려면 언제 그랬냐는 듯이 구두쇠로 변해버린다.

술꾼의 아내는 가긍스럽다. 격일제건 사흘을 건너뛰건 술 마신 날 밤은 활극을 보다 달빛에 젖은 마음을 말리며 잠들어야 한다. 또 잠귀도 밝아야 한다. 꿈결에라도 비 오는 소리가 들리면 번개같이 일어나야 한다. 그 소리는 밤새 마신 술이 배설기관을 타고 흘러내리는 소리다. 그 장소는 다섯 칸 서랍장일 수도 있고 아이들 머리통일 수도 있다. 한 번씩 낭패를 본 아이들은 잠자리에 들기 전 방문을 철통같이 잠그고야 잠이 든다. 화장실인 양 착각하고 아무 곳이나 시원스레 쏟아내는 날 밤은 아내의 한숨 소리가 해녀의 숨비 소리만큼 깊어진다.

밤중에라도 다양한 객을 접대할 수 있는 교양이 없다면 술꾼 아내가 못 된다. 동네 선술집에서 만난 방위병부터 시내 고급 술집에서 만난 고위직인사까지 서슴없이 모셔와 술상을 주문한다. 그럴 때 인상을 찌푸리면 봉변을 보기 십상이기에 미소를 머금고 희극의 주인공처럼 연극을 한다. 억지웃음을 흘리며 계란말이라도 한 접시 구워내 주모 노릇을 해준다. 술판이 서서히 익어가고 순식간에 직위고하가 무너진 개판 5분 전을 보며 웅크리고 앉아 새벽을 맞는다. 주로 하는 얘기의 소재는 군대 시절이고, 들어 보면 용맹하지 않은 사람이 없다. 뱀 잡아먹은 이야기에서부터 무장간첩 잡은 이야기까지 소설을 쓰듯 부풀리고 있다. 용호동 해안초소에서 방위병으로 야간 보초를 섰을망정 전방에서 철책근무를 하고 온 양 기세등등하다.

술꾼의 이웃도 결코 인덕이 많은 사람은 아니다. 돈 들이지 않고 밤마다 연극을 보는 것 외에는 별로 덕 볼 게 없다. 택시기사를 집 앞에 데려와 아내에게서 얻은 돈으로 차비를 주면서 "열중쉬어 차렷." 호령을 붙이며 "해군 중위 이 중위"라고 뻥을 치고 훈련을 시키질 않나. 이런저런 일들로 술꾼의 아내는 항상 고개를 들 수 없고 땅만 보고 다닌다. 우물 물은 마를 수 있어도 술꾼 아내의 지갑은 바닥나면 안 된다. 빈손으로 택시를 타고와도 초인종만 누르면 돈이 나온다고 생각하는 버릇 때문이다. 그래서 콩나물국 한 냄비를 끓이지 않더라도 잘난 주객의 택시비는 마련되어야 밤중에 수모를 당하지 않는다. 그뿐인가. 해장국도 잘 끓일 수 있어야 한다. 술에 절여진 속이 부글거리는 오후 네 시쯤이면 반드시 술국 주문 전화가 온다. 복국, 추어탕, 선짓국, 닭백숙, 콩나물국 등 다양한 국을 끓여 낼 수 있는 요리의 대가라야 술꾼 아내의 명함을 달 수 있다.

술꾼의 아내는 거짓말의 명수다. 술이 깨지 않아서 출근을 못하는 날은 꼭 아내를 시켜 직장에 허위연락을 하게 만든다. 그나마 남아

있는 신용은 대리인 아내의 말뿐이다. 변명할 소재가 바닥이 나면 주위의 어른들이 모두 임시로 돌아가셔야 한다. 사흘들이 초상이 났다 하지만 그래도 핑계대상에서 제외되는 건 아이들이다. 술꾼 아내가 가장 하기 싫은 배역이 거짓증인이다. 부부의 연은 지독한 것이어서 부창부수가 되지 않으면 살아 낼 수가 없다. 술꾼 아내가 밤중에 받는 전화는 거의 가슴 뛰는 소식이다. 다쳐서 병원에 오라는 긴급요청이고, 술값으로 시비가 붙어 급전을 요구하는 전갈이다. 담력이 크지 못하면 중도탈락자가 되어 아내의 자리에서 밀려나고 만다. 술꾼 아내는 고달프다 못해 곶감처럼 배틀배틀 말라비틀어진다. 여자로 태어난 것을 절절히 후회하는 슬픈 운명의 주인공이다.

한 가지 분명한 것은 술꾼도 가슴은 따듯하다는 것이다. 가끔은 자신의 죄를 뉘우치고 사죄를 한다. '내 다시 그놈의 술 먹는가 봐라.' 그런 날은 회사의 구내매점에서 재고품 T셔츠 한 장이라도 사다 줄 때가 있다. 천지에 내 남편이 아니면 누가 이거라도 사들고 오겠는가.

배냇 그릇

친정집 창고 안은 골동품 전시장이다.

지난 세월 알곡을 털어내던 풍구며 탈곡기는 녹슬어 있고, 심지를 태워 불을 밝혔던 사기등잔은 하얀 몸체를 반짝이며 알은체를 한다. 막걸리 한 잔으로 정을 베풀었던 개다리소반은 선반 위에 걸터앉았고, 할머니의 반닫이농과 어머니의 경대는 등을 붙인 채 어울려 삭아 가고 있다. 몸을 돌돌 만 멍석도 다소곳이 구석을 지키고 섰고, 그에 기대 선 지게 위에는 미꾸라지를 잡던 대소쿠리가 낫과 호미와 자잘한 소품들을 안고 깊은 잠에 들었다. 하지만 내가 찾는 그것이 보이지 않는다. 쓸모없는 물건이라고 버렸으면 어쩔까 조바심이 난다.

근래에 들어 약삭빠른 골동품상들이 시골 마을의 쓸 만한 물건들은 모두 거두어 갔다는 말을 들었지만, 아버지는 옛것들에 대한 향수 때문인지 고집스레 잡고 계셨다. 쥐오줌 냄새가 코를 에워싸는 광에서 내가 담겼던 배냇 그릇을 찾다보니 조모 생각에 시야가 흐려진다. 옷소매로 눈물을 걷어내고 눈에 익은 것들과 인사를 하다 저쪽 시렁 위를 쳐다보니 그 광주리가 눈에 들어온다.

내 출생의 비밀을 품고 있는 싸리나무 광주리가 아직도 있었다니! 심장이 뛰기 시작한다. 바닥에 늘어놓은 고물들을 밀치고 선반 밑으로 다가가 덥석 광주리를 들어 내리자 두둑한 세월에 쌓인 먼지가 머리 위로 풀풀 쏟아진다.

이것은 죽음의 혼이 너울거리는 집안에서 나를 살려준 광주리다. 어머니와 네 남매를 모두 데려간 저승사자의 손길을 뿌리치고 나를 구해준 은혜의 그릇이며, 슬픔에 젖은 할머니께 생명을 안겨드린 갈구의 도구였다. 홍진으로 네댓 살만 되면 잃어버리는 명 짧은 손자들 때문에 인간포원이 졌던 조모의 생전 소망을 이루어준 고마운 광주리다. 할머니는 머루 알같이 까만 눈동자를 맞추던 어린 새끼들을 가마니에 둘둘 말아 산짐승이 우글거리는 뒷산으로 차례로 보내면서 땅을 치고 피눈물을 흘렸다.

고향에선 삼을 삼아 담는 광주리에 갓난애를 담으면 명이 길다는 속설이 있었다. 할머니는 그 말을 믿고 억새밭을 헤치며 산길 오십 리를 걸어 언양장에서 광주리를 사오셨다. 태어날 자손의 명을 일구월심으로 빌면서. 동짓달 새벽에 태어난 나를 탯줄을 자르자마자 광주리에 담아 시렁에 얹어놓고 이 새끼만은 데려가지 말라고 손이 닳도록 빌며 절을 하셨다. 다행히 시렁에 올려진 나는 할머니의 최면술에 걸려선지 울지도 않고 자더란다. 험한 세상에 뛰어들며 옹골차게 울어보지도 못하고 광주리에 담긴 채 숨죽이고 있었다니 한편 가엽기도 하다. 덕분에 내 이름은 '광지리'가 되었고, 시난고난 앓던 어머니 대신 할머니의 품에 안겨 온 집안에 웃음꽃을 피워냈다.

사랑을 받고 온갖 재롱을 떨던 행복은 잠깐이었다. 어머니는 내 아래로 쌍둥이 동생을 낳고 이레 만에 핏덩이 둘까지 데리고 세상을 하직했다. 결국 나는 어머니와 네 명의 남매들을 모두 잃고 홀로 남아 시린 감나무 끝에 매달린 까치밥처럼 할머니의 가슴을 아리게 했다. 할머니는 하나 남은 손녀마저 죽을까봐 감기만 들어도 꿩이며 산토끼며 열을 푼다는 건 다 삶아 먹였고 애지중지 길러 주셨다.

내 어릴 적 산골짝 밭은 할머니의 울음터였다. 어린 나를 밭고랑에 두고 밭을 매다가 까마귀가 울면 "아가야, 네 어미의 혼이 왔구나."라며 우셨고, 숲에서 산비둘기가 서럽게 우는 날은 "이것아, 내 명을 네가 하지. 이 어린것을 두고 갔나."시며 더더욱 서럽게 우셨다. 그런 할머니의 심정을 마을사람들도 알기에 나만 보면 머리를 쓰다듬고 이름을 한 번 더 불러주곤 했다.

먼 대양을 휘젓던 연어가 죽을 땐 모천으로 돌아오듯, 숨 가쁜 생의 고개를 넘어서니 불현듯 그 광주리가 보고 싶었다. 허둥지둥 달려간 친정집 창고에서 기적처럼 그를 만났다. 세월의 먼지와 곰팡이를 덮어쓰고, 거미줄에 휘감긴 채 쥐들에게 아랫도리를 뜯기면서도 그 요람은 나를 기다리고 있었다. 그 순간 순금 덩어리를 주운 듯 가슴이 박동 쳤고 집으로 돌아오는 길은 세상이 모두 내 것인 양 가슴이 뿌듯했다.

햇볕 좋고 바람 가실한 날 오후 싸리나무 광주리를 말끔히 씻어 베란다에 말렸다. 슬며시 까칠한 몸매를 어루만지며 고맙다고 인사를 했다. 네가 아니었으면 지금 내 존재가 있기는 하겠는가.

비록 낡고 볼품없는 도구에 불과하지만 이것은 내게 어버이 같은 요람이었다. 정성스레 두 손으로 받들어 안고 창가에 기웃대는 구름을 부른다. 스쳐가는 갈바람도 부르고 순정한 태양 빛도 초대하여 성스러운 해후를 하련다. 졸지에 어미 잃고 형제 잃고 무섭고 서러워 울었을 나를 달래고 품어 주었던 광주리다. 수십 리 산길을 걸어 일구월심 내 생명을 빌어주신 할머니의 흔적이니 나는 세상 마칠 때까지 그를 지켜 주고 싶다.

비원悲願

그녀를 만난 것은 북한 이탈자를 감싸 안는 모임에 가입하고 나서다. 함경북도 출신인 그녀의 연락처를 받고 며칠 간 뜸을 들였다. 내가 북한 사람을 만나다니! 낯선 체험을 앞 둔 가슴은 설렘 반, 두려움 반이었다. 하나 만나 보니 소통이 원활한 내 민족이었다. 수차례 만나면서 밥을 먹고 차를 마시며 우리는 자매처럼 친해졌다.

하루는 그녀가 몸져누웠다 해서 병문안을 갔더니 아오지 탄광에서 허리를 다쳤다는 남자가 문을 열어주었다. 약 봉투를 머리맡에 둔 그녀가 나를 보더니 간신히 몸을 일으키는데 마침 그때 그녀의 핸드폰이 부르르 떨었다. 북쪽의 브로커가 아이들과 통화를 연결해 주는 전화였다. 황급히 전화를 받더니 거두절미하고

"우리는 열네 평짜리 아파트에 살아도 북조선의 고위층보다 부유하다. 너희들도 탈출만이 살 길이다."

애원하며 달래자, 수화기 너머로 북한아이의 말소리가 쟁쟁거린다. 어미의 설득이 먹히지 않는지 함경도의 억센 사투리로 다그치고 윽박질러 보다가 분통이 터지는지 전화를 끊어버린다. 어미 말을 듣기는 커녕 오히려 "거기는 미국 놈들이 우글우글 많다는데 어찌 사느냐."라고 어깃장을 놓는다며 통탄스러워한다. 부모는 자식 걱정에 병이 났는데 아이는 허허들판에서 안방 걱정하는 꼴이다.

북쪽의 아이들은 남조선에 대해서는 부모의 말도 믿지 않는다. 당수령 동지의 말만 으뜸이다. 골병들게 노동을 해봤자 굶주림은 날로 더하고, 여기저기서 인육을 삶아 먹는다는 소문이 떠도는 북녘 땅! 그 지옥 같은 북한을 천국인 줄 안다며 여윈 가슴을 두들긴다. 중국에 가서 돈을 벌어 굶주림을 면해보자고 탈출을 시도했는데 영영 생이별이 될 줄은 꿈에도 몰랐단다. 끓여간 곰국을 한 사발 들이켜더니 나를 친정 언니인 양 탈출기를 질펀하게 풀어 놓는다.

그녀는 칼바람이 쌩쌩 갈기를 휘날리는 섣달 중순에 탈출을 시도했다. 자정이 되기 전에 두만강을 건너야 하는데 그날따라 아이들이 눈치를 챘는지 잠잘 생각을 하지 않았다. 아이들을 품어 안고 잠들기만을 기다리는데 어느새 한 아이가 살금살금 선반 위에 얹어둔 강냉이 가루를 먹고 있더란다. 배가 고파 도무지 잠들지 못하는 어린것들을 위해서라도 국경을 넘어야 한다고 이를 갈았다.

억지로 아이들을 재우고 약속한 강가로 나갔다. 시베리아에서 불어오는 바람이 사정없이 그녀의 몸을 후려쳤다. 언제 낚아채일지 모를 급박한 상황에서 살을 에는 추위쯤이야 아랑곳하지 않았다. 몸도 마음도 얼어붙어 떨어지지 않는 걸음으로 빙판이 된 강을 건넜다. 한가운데쯤 들어서자 중국의 공장에서 흘러 보내는 폐수로 인해 얼음강이 녹아 흘렀다. 옷 보따리를 이고 강물에 몸을 밀어 넣자 물살이 가슴까지 차올랐다. 앞서가는 브로커가 수심이 깊은 곳이라 정신을 차리지 않으면 위험하다고 일갈을 했다. 남자의 손에 끌려 다시 얼음 위로 올라서자 지나가는 자동차 불빛이 서치라이트처럼 일행을 비추었고 우리는 가오리처럼 빙판 위에 납작 엎드리길 반복하면서 구사일생으로 연변 땅에 올랐다.

중국의 날씨는 만만치 않았다. 옷에 고드름이 드렁드렁 매달려 발걸음을 놓을 때마다 철커덕거렸다. 브로커를 따라 어느 민가에 들어가자 할머니 한 분이 헌 옷을 내주어 갈아입었다. 미지근한 온돌방에서 언 몸을 녹이다 잠이 설핏 들었다. 두어 시간 잤을까, 브로커가 문을 두들겼다. 조선족에게 들키면 여차 없이 신고를 당한다며 빨리 연변을 벗어나자고 했다. 슬프게도 중국 사람보다 같은 민족들이 더 비정하니 조심하라고 귀띔해줬다. 새벽부터 버스에 몸을 싣고 남쪽으로 달리는데 두고 온 자식들이 눈에 밟혀 돌아보고 또 돌아봤다.

그녀에게 남조선은 귀에 익었지만 대한민국이란 나라는 생소했다. 애초에 남한에 올 계획이 없었다. 어쩌다 보여주는 남조선 실정이라곤 가뭄에 쩍 갈라진 논바닥이나 시위대들의 폭동뿐이어서 결코 갈 곳이 못 된다고 생각했다. 더구나 남한으로 가다가 납치되는 날엔 철창 속에서 개죽음을 당하므로 국적 없이 살아도 중국생활이 최선이라 생각했다. 그러면서도 누가 북한을 비방하면 강력하게 반박하고 수령님을 옹호했다. 이밥에 고깃국 한 번 못 먹고 살면서도 위대한 수령님을 욕하는 말을 되받아치곤 했다. 중국생활이 몇 년 지나자 남한의 풍요로운 실상을 설핏 알게 되어 굳었던 마음이 슬슬 녹기 시작했다. 남한에 가보고 정말 살기가 좋으면 북에 있는 자식들까지 탈출시키리란 옹골찬 각오를 했다.

자유를 찾아오는 길은 만만치 않았다. 밤낮없이 꼬박 닷새 동안 동남아의 밀림을 헤치며 발이 부르트도록 걸었다. 장장 2만 킬로의 산길을 밀행해서 캄보디아에 도착했고 브로커의 주선으로 한국비행기를 탈 수 있었다. 원수라고 부르짖던 남조선 땅! 비행기에서 내려다본 남한 땅은 짙푸른 산세부터 경이로웠다. 산도 헐벗고 사람도 굶주리는 북한을 살기 좋은 천국이라고 알고 지냈다니. 오지게 속고 살았다는 걸 공항에서부터 알게 되었다. '지금부터 나는 새로운 세상에 태어난 사람이다.' 쾌재를 불렀지만 두고 온 자식 생각에 가슴이 아팠다. 하루속히 아이들을 탈출시키는 것만이 급선무였다.

몇 달 동안 정착금을 저축했더니 브로커에게 보낼 돈이 마련되었다. 이젠 이 풍족한 남한 땅에서 온 가족이 투실하게 살찌울 날만 남았다. 고깃국에 하얀 쌀밥 먹일 생각에 가슴이 풍선처럼 부풀어 올랐다. 드디어 브로커가 연변에서 아이들을 데리고 청도까지 왔다고 연락이 왔다. 내일이면 꿈에도 그리던 내 자식을 품는다는 설렘에 잠이 오지 않았다. 하나 날이 새고 저물녘이 되어도 기다리는 소식이 오지 않았다. 속이 숯덩이처럼 타들어갈 무렵에야 도무지 믿을 수 없는 비보를 받았다. 공안이 뒤를 미행해서 아이들을 그만 납치해 갔다니!

그녀는 지금 살아있어도 사는 게 아니다. 혼이 온통 수용소에 가있다. 곡기를 끊은 지 며칠째다. 퀭하니 들어간 눈에서 하염없이 눈물을 쏟아내며 밤마다 아이들을 부둥켜안고 통곡하는 꿈을 꾼단다.

그녀는 수용소에 갇힌 아이들을 언제쯤 무사히 구출할 수 있을까. 언제쯤 알밤 같은 자식들을 품에 안을 수 있을까. 오매불망 그것만이 염원이다. 종교를 모르던 그녀가 하나님께 눈물로 기도를 올린다. "주님, 우리 아이들을 무사히 구출해 주시옵길 간절히 기도 올립니다."

모성의 절규가 안타깝다. 부모 자식 간의 인연은 천륜이다. 하늘이 맺어준 인연을 누가 자르겠는가. 자신들의 욕망을 위해 천륜을 짓밟는 위정자들은 이제 지구에서 좀 사라졌으면 좋겠다.

바위섬

상처한 남자의 뒷모습처럼 고독해 보인다. 육신을 태워 녹아내리는 한 자루 양초처럼 헌신적이다. 타오르는 향기 속에 아린 사연들이 천태만상이다. 쓸모없이 바스러진 사금파리도 있고 조개 속의 진주 같은 보석도 있다.

그의 친구가 되려면 잠자리의 수정체를 닮은 눈과, 진돗개의 청각을 닮은 귀를 가져야 한다. 떨어지는 꽃잎을 함부로 밟지 못하고, 말 못하는 짐승의 부러진 다리를 싸매 줄 수 있는 따뜻한 가슴이 있어야 한다. 흘러가는 구름 한 조각, 하찮은 풀꽃 하나에도 존재의 의미를 부여하는 예리한 감성이 필요하다. 보이지 않는 것을 볼 수 있는 영혼의 안테나를 세워야 하고, 치열하게 파고드는 끈기가 있어야 바위섬에 다가갈 수 있는 길이 열린다.

그를 따르는 것은 암벽을 타는 것만큼 고통스런 모험이다. 밤을 지

새우며 열병을 앓아본 사람, 짜디짠 세상맛을 아는 사람, 고독하게 울어본 사람이라야 그를 이해하고 사모할 자격이 있다. 상념의 수압이 높아져 수문을 열 때, 희열을 느껴야지 후회가 된다면 그에게서 떠나야 한다. 살아가는 모습을 진실로 아름답게 수채화처럼 그려낼 줄 아는 사람, 남의 아픔에 같이 울고, 기쁨에 거짓 없이 박수칠 줄 아는 순수함이 있어야 무뚝뚝한 바위섬의 관심을 받을 수가 있다. 하나 한번 그의 매력에 빠지면 헤어나기 어렵다는 징크스가 있다.

지나치게 예민해 보이지만 때로는 너그럽고, 세상을 향해 귀와 눈을 열어 버린 개방형 같지만 깐깐하고 고지식하다. 내가 살아가는 사소한 잔상들을 일기처럼 펼쳐 보이면 지루한 듯 꾸덕꾸덕 졸다가, 땅속에 묻어버리고 싶은 실패한 이야기나, 비릿하게 풋내 나는 첫사랑 같은 얘기는 개구쟁이처럼 관심을 보인다. 아브라함의 자손들을 보고하는 성서처럼 진실한 가족사의 숨기고 싶은 이야기를 펼치라고 다그친다. 멀리서 볼 땐 참으로 과묵하고 점잖게 보이지만 가까이 다가서면 잔인하고 더러는 익살맞기도 하여 어린아이처럼 미워할 수도 없다.

가끔 사는 일이 시들하고 팍팍하여 마음에 여유가 없을 땐 바위섬을 향하던 마음도 고개를 돌리고 싶다. 해변에 서서 푸른 날 솟아오르던 감성을 모래바람에 날려 보내려면 어느새 봄꽃, 가을 낙엽 그리고 설경을 가슴에 안겨주며 떠나지 말라고 다독거려준다. 털어낸 수숫대 같은 모습으로 다가서도 우람한 풍채로 보듬어주어 숨겨두었던 집념을 불꽃처럼 일게 한다. 나이는 숫자에 불과하다는 핑계를 대며 가풀막진 바위섬의 절벽에 발을 올려보면 마음만큼 쉽지 않다. 오지에서 만난 길잡이를 따르듯 내려준 밧줄을 잡고 매달려 보지만 영혼의 샘이 고갈되면 비척거려진다. 그럴 땐 이끼 낀 가슴을 씻고 심층수 같은 영혼의 물꼬를 대고 수위가 찰 때까지 마셔야 한다. 비바람에 젖어보고, 햇빛 좋은 날은 말리면서 서두르지 말고 유장하게 바위섬에 녹아들어야 한다.

그의 집은 항상 대문이 열려 있어 누구나 쉽게 기웃거리지만 인정받는 가족이 되기는 매우 힘들다. 주인의 안목이 높아 지성과 철학, 사람을 사랑할 줄 아는 진실한 마음을 고루 갖추어야 한다. 엄격한 심사 끝에 왕비를 간택하듯 받아들이지만 막상 옷을 걸치고 보면 대부분 변방에 머무는 무수리 격이다. 힘든 관문일수록 가치 있는 길이므로 끈을 놓지 말라고 했다. 고독하고 험난한 세파에 구원이 되고 희망이 되는 사랑의 메신저다.

그를 이 시대 사람들은 배고픈 문학이라 부른다. 젖과 꿀이 흐르는 땅이 아닌 척박한 길을 개척하는 고뇌의 집이다. 그래도 그 집은 텃세가 센지 좀처럼 안방에 들기 어렵다. 백년서생들이 문간방에라도 들어가려고 문전성시다.

문간방 사람들은 솔직담백해서 야생의 떫은맛이고 때로는 메주 띄우는 콤콤한 냄새도 난다. 그 마을에 잔치가 있는 날이면 모두들 신바람이 난다. 왕비나 무수리나 막걸리 한잔에 취하면 어깨를 나란히하여 겁도 없이 명함을 나누며 우의를 다진다.

잔칫상에는 각기 다른 사람의 얼굴처럼 갖가지 음식이 등장한다. 고소하고 달콤하고 새큼한 맛들이 주인의 입맛을 돋우려고 경쟁을 벌인다. 문제는 허례허식으로 보기 좋게 치장한 떡보다, 기름이 자르르 흐르는 고기보다, 제대로 빛깔도 모습도 드러내지 못하는 무색 무맛을 지닌 도토리묵 한 점이 귀한 대접을 받기도 한다. 액체도 고체도 아닌 말랑한 묵, 사람들은 순정한 그 맛에 쉽게 마음의 문을 열어버린다.

묵이 담긴 접시에는 콩고물도 고명도 없다. 무명옷을 걸친 산골 아낙처럼 수더분한 정에 예인들은 쉽게 마음을 연다. 유난스런 맛도, 멋도 없지만 아프게 껍질을 벗고 나온 메밀묵 같은 글, 말을 앞세우고 자신을 앞세우기보다 진솔한 생활을 고해성사하듯 드러내는 그대는 진정한 이 시대 수필가다.

편지

여고를 마치고 시골집에 묻혀 있을 때였다. 아버지의 뜻에 따라 꿈을 접은 나는 친구들이 보내주는 글만이 희망이었다. 그날도 친구의 편지를 기다리면서 대문 앞에 나가니 뜻밖에 항공편지가 기다리고 있었다.

봉투에는 낯선 남자의 이름이 한자로 쓰여 있었다. 시골에 묻힌 나를 어떻게 알고 편지를 보냈을까? 궁금하면서 손이 떨렸다. “여기는 낯설고 물 선 이국땅 일본입니다.”로 시작된 편지는 서두부터 심상치 않았다. 달필에 한자가 반이나 섞여 있어서 가슴이 설레었다. 친척 조카의 졸업앨범을 보다가 두 갈래로 묶은 머리가 청순해 보여서 편지를 보내노라고 했다. 제철회사에 근무하는데 일본연수 중이라 해서 건실한 청년일 것 같았다. 그땐 하찮은 편지들이 흔하게 날아왔기에 읽지도 않고 아궁이 속으로 던져졌지만 그 편지만은 왠지 태우기가 아까웠다. 글벗으로 친해지고 싶다는 구절에 내 마음이 눈 쌓인 대나무처럼 기울어지려 했다. 하지만 주고받는 편지가 아버지께 들키면 불호령이 떨어질까 봐 며칠을 망설였다.

얌전한 척 억눌려 있던 나는 기어코 아버지의 눈길을 피해 답신을 보내고 말았다. 첫 글이니만큼 예의를 갖춘 인사 정도의 글을 일본으로 보냈더니 숨 가쁘게 답장이 날아왔다. 그때부터 배달부의 발길은 바빠졌고 우표료도 만만치 않았다.

싸락눈이 울섶을 다독이는 겨울이 되자 그의 글은 외로움을 듬뿍 싣고 날아들었다. 플라타너스 잎이 포도 위를 뒹구는 것을 보니 고독이 엄습해 온다는 사연에 나 또한 그리움은 깊어져가고 있었다. 그렇게 감성의 골이 깊어지다가도 아버지를 떠올리면 정신이 번쩍 들곤 했다.

아버지는 봉건사상이 뿌리 깊게 내린 분이다. 칠십 년도 초에 조선시대 말기의 생활풍습을 답습하고 있었다. 딸자식은 가사일과 예의범절을 익혀 출가하는 것만이 최선의 길이라고 생각하셨다. 머리는 길러서 묶어야 했고 옷은 긴 치마만 허용되었다. 과년한 딸아이가 종아리를 드러내는 짧은 치마와 엉덩이 선이 드러나는 바지 입는 꼴은 용납을 못하셨다. 나의 행동반경은 집안대소가와 냇가 빨래터였고, 하는 일은 가족을 위한 밥상 준비와 집에 찾아오시는 손님들을 대접하는 일이었다. 집안제사가 들면 제수음식을 도우러 다녔으며 빨래에 풀을 먹여 빳빳하게 다림질하는 일이었다. 그렇게 조신하게 딸을 가르친다고 자부하셨지만 나는 엉뚱하게도 어느 청년과 밀담을 주고받는 연서가 쌓이고 있었다.

출입이 많으신 아버지와 자전거를 타고 다니던 배달부가 마주칠 확률은 다분히 많았다. 길에서 한집 식구를 보면 무조건 우편물을 전해주기에 그런 불운이 오지 않기를 간절히 바랐지만 편지는 어느 날 아버지의 손에 전해지고 말았다. 상문을 다녀오신 아버지의 안색이 평소와 달랐다. 나만이 느낄 수 있는 예리한 전율이 전신을 타고 흘렀다. 하늘을 날아오던 편지가 아버지의 손에 잡혔구나 싶었다.

사랑방으로 불려가니 이미 방안은 우울한 담배 연기가 자욱하다. 법관 앞에 선 죄인처럼 어깨를 움츠리고 앉자 우렁찬 고성이 분출할 것 같아 손발이 오그라들었다. 어머니는 사랑채의 일꾼들이 딸의 행실을 알면 망신살이 뻗친다며 제발 큰소리는 내지 마시라고 당부를 했다. 연거푸 피우던 담뱃불을 끄더니 호주머니에서 편지를 꺼내 놓으시는 게 아닌가. 상상 외로 너무 부드럽고 나지막한 음성으로 물었다.

"이기 무슨 편지고?"

너무나 놀라운 이변이었다. 도저히 상상할 수 없는 아버지를 보며 얼었던 내 마음이 사르르 녹아내렸다. 석고대죄라도 할 자세였던 내 어깨가 한결 가벼웠다. 마음속으로 '남자를 고르는 내 안목이 이만하면 수준급이지.' 우쭐하기까지 했다. 아버지의 눈치를 살폈다. 꽉 다문 입가에 미소가 번지니 공연히 지레 겁을 먹었구나 싶었다. 꽃편지가 전하는 진솔한 마음과 유려한 문체가 아버지의 마음을 사로잡은 모양이라며 안도하기도 했다. 사태가 다분히 희망적이어서 내용을 슬쩍 훑어보았더니 귀국하게 되었으니 첫 만남을 약속하자는 내용이었

다. 두근거리는 가슴을 진정시키고 있는데 갑자기 아버지께서

"글을 보니 사람은 괜찮아 보인다. 내가 먼저 만나봐야겠다."

마치 당신을 만나자는 듯이 당당하게 선포하셨다. 모든 일을 뜻대로 하시는 아버지는 나를 고삐 풀린 망아지마냥 풀어 둘 리 없었다. 그때는 전화가 없었기에 나 대신 아버지가 나간다고 알릴 수도 없었다. 은밀한 만남을 기대하던 청년은 근엄하고 고집스런 어른이 나타나 취조하듯 면접을 봤으니 얼마나 황당했을까.

아침부터 중절모를 쓰고 두루마기를 휘날리며 그 청년을 만나려고 서두르는 아버지 때문에 내 마음은 안절부절 못했다. 당혹스러울 장면을 생각하니 민망하기도 하고, 편지 하나 제대로 간수 못한 나를 얼마나 원망했을지……. 미안하기도 했다.

어둑한 밤이 되어도 아버지는 돌아오지 않았다. 어느 술집에서 입맛 쓴 술잔을 기울이는지 나를 불안하게 만들었다. 겨울마당에 가랑잎 구르는 소리에도 촌각을 곤두세우며 아버지의 기침 소리를 기다렸다. 시곗바늘이 자정에 이르자 드디어 술기운이 거나하신 당신의 발걸음 소리가 들려왔다. 옷매무새를 가다듬고 다소곳이 지켜보니 실오라기 같은 희망은 산산조각으로 무너지고 있었다.

"목숨을 끊을 만큼 절절하다면 보내 주겠다. 대신 나는 그때부터 두문불출한다."

나를 쏘아보는 아버지의 눈빛이 질식할 것 같았다. 상황을 모르는 그분은 여러 장의 글을 다시 보내왔으나 단호한 아버지의 엄포 때문에 나는 답을 하지 못했다. 기다리다 지친 그가 중매인을 거듭 보내왔

지만 아버지는 말없이 발걸음을 돌려세웠다. 일면식도 없는 그 사람 생각은 갈수록 진한 그리움으로 피어올랐다. 배달부의 그림자만 봐도 헛물을 켜고 기다렸다. 그 옛날 서라벌의 영지에서 무영탑 그림자를 기다리던 슬픔이 무엇인지 어렴풋이 알 것도 같았다.

이제 훌쩍 세월이 흘러 아픔도 미련도 사라졌다. 우로와 풍상에 생긴 진물이 마르지 않을 때마다 성큼성큼 그가 다가오더니 요즘은 그 잔상마저 희미하다. 그토록 매정하게 막아서던 선친도 저승으로 가셨는데 한번쯤 마주앉아 옛일을 사죄하고 싶다. 그리고 고맙다고 말해주고 싶다. 이미 갈 길은 다르지만 젊은 날 가슴 떨리는 추억마저 없었다면 외로운 석양이 얼마나 삭막하겠는가.

가끔은 궁금하다. 그는 지금 어느 하늘 아래서 나처럼 늙어가고 있을까.

고적한 산방

돌담 아래 핀 망초와 제비꽃도 외로워 보인다. 절을 에워싼 솔숲도 어쩌면 하나같이 여위고 등이 굽었는지. 사람이 찾지 않는 쇠락한 산방을 말해주고 있다. 관세음보살을 모신 원통전엔 문풍지 떠는 소리와 마룻장 삐거덕거리는 소리가 적요를 밀어낸다. 주불 뒤에 해묵은 탱화는 버거운 세월을 버티고 있고, 흘러내린 촛농은 동굴 속의 종유석마냥 굳어버렸다.

빛바랜 조화 다발 아래 젊은 여인의 영정사진이 애처롭다. 어린 자식을 두고 어찌 눈을 감았을까. 녹슨 다기그릇과 투박한 마룻장도 젊은 영가 때문에 더욱 처연해 보인다.

천등산 꼭대기에서 홀로 절을 지킨다는 스님 이야기를 듣고 벼랑 끝에 매달린 작은 암자이거니 했다. 와서 보니 건물은 낡고 초라하지만 원통전을 모신 법당과 해묵은 문루가 예사롭지가 않다. 어쩌다 초

파일을 그냥 보낸 지인이 연등 달러 가는 데 따라나선 걸음이다. 들었던 대로 스님은 설악산에 기도하러 가시고 오월의 맑은 햇살만 법당을 지키고 있다.

절 앞에 세워진 석판을 보니 신라 신문왕 때 능인대사가 세웠다는 천년고찰이다. 초창기엔 홍국사라 불렀지만 조선시대 눈병이 창궐하여 맹사성이 비보사찰로 이름을 바꾸어 개목사라 불리어졌다 한다. 의와 절개의 표상인 고려 충신 포은도 이 절에서 십여 년간 학문을 닦았다니 도반을 따라나선 길이 보물을 만난 셈이다. 하지만 같은 천등산 정기를 품은 봉정사엔 파란 눈의 영국 여왕까지 찾아와 생일잔치를 벌였다는데 여기는 왜 이리 적막하고 초라한지. 차라리 홍국사로 그냥 두었더라면 이름 덕이라도 보지 않았을까, 부질없는 생각을 해본다.

젊은 영가를 차마 보지 못해 문루에 나앉았더니 서까래를 감싸던 흙덩이가 툭툭 내 앞에 떨어진다. 더 이상 버틸 수 없다는 하소연인가. 가만히 손바닥에 올려놓고 '그만하면 할 일을 다 했으니 걱정 말라.'고 속말을 전했다.

경내를 둘러 볼 겸 뜰을 걷자니 조각보 같은 텃밭에서 잡초에 짓눌린 푸성귀들이 울상을 짓고 있다. 흥부네 자식처럼 조랑조랑 매달린 방울토마토며, 상추와 쑥갓, 봄배추들이 기세에 짓눌려 얼굴이 해쓱하다. 그녀와 나는 누가 먼저랄 것도 없이 호미를 들고 밭고랑에 엎드렸다. 나름대로 한 세력 떨쳐보자는 질긴 잡초들을 뽑아내기란 마음만큼 쉽지 않다. 잡초와의 싸움이 아닌 내 안의 사악한 욕심들을 들어내는 심정으로 씨름하다 보니 어느새 남새들이 기를 펴고 방실거린다. 내친김에 먼지 덮어쓴 정독대도 닦아주고 축담 위에 놓인 화초에도 물을 뿌렸더니 솔바람이 슬쩍 귀밑머리를 걷어 주고 간다.

사찰을 배경으로 사진을 찍던 등산객이 정작 카메라는 툇마루에 두고 물만 먹고 가버렸다. 한참 뒤 카메라에 담긴 추억들이 울상이 될 즈음 주인이 헐레벌떡 오더니 물건을 챙겨들기 바쁘게 사라진다. 잠시 부처님 앞에 목례라도 하고 가면 좋으련만. 동동거리며 내려가는 뒷모습이 어제의 나를 보는 것 같아 씁쓸하다.

어느덧 산사에 어둠이 밀려든다. 졸고 있는 외등마다 불을 밝히고 스님을 기다린다. 아무리 억척스런 아낙들이지만 사방에 에워싼 숲 속에서 까만 사물이 꿈틀대며 나올 것 같아 으스스하다. 한낮에 재재거리던 산새와 풀벌레들은 모두 둥지로 깃들고 가끔 연밭에서 꽈르륵! 울어대는 개구리 소리만이 살아있다는 신호를 보내온다. 그녀도 내심 두려운지 숟가락을 문고리에 걸고는 피식 웃는다. 들창문으로 들어오는 오월 보름 달빛에 마음을 빼앗겨 보지만 무서움은 좀체 가시지 않는다. 사람이 절을 지키는지, 절이 사람을 지키는지 모를 일이다.

투박하게 울어대던 개구리 소리가 잦아들 즈음 앞산모롱이에 헤드라이트 불빛이 일렁인다. 사람이 이렇게 반갑다니! 주객이 전도되어 뛰어나갔더니 스님 역시 환하게 뜰을 밝혀놓고 주인을 기다리는 길손이 반가웠던 모양이다. 얼른 시원한 수박 한 쟁반을 썰어냈더니 나들이에 지친 기색도 없이 허름한 오디오에 산방한담가락을 흥건하게 풀어놓고 다기에 찻물을 올린다.

'꽃이 핀다는 것은/ 얼마나 놀라운 신비인가/ 곱고 향기로운 우주가 문을 열고 있는 것이다./ 잠잠하던 숲에서 새들이 맑은 목청으로 노래하는 것은/ 우리들 삶에 물기를 보태주는 가락이다./'

달빛을 타고 춤추는 소리들이 천년고찰을 뒤흔든다. 온갖 슬픔과 생의 절규가 부질없다는 듯 피리와 통소 소리를 타고 밤하늘에 흩어진다.

이장移葬

할머니의 산소는 탑골밭 끝자락에 있었다. 젊은 날 돌아가신 할아버지 곁을 한사코 마다하고 그곳에 묻어 달라 하셨다. 그건 청상을 만들고 가신 할아버지에 대한 원망과 오기였지만 한 맺힌 유언이었다. 건너편 산자락에 조부의 유택이 빤히 보여서 기분이 풀리는 날은 손짓이라도 할 것 같은 거리다.

한동안 잔디가 살지 않아 민둥하던 봉분도 이젠 파릇파릇하고 외로움을 달래드리려고 심어둔 배롱나무도 여름이면 붉은 꽃을 피워 주위를 환하게 밝힌다. 더더구나 대지가 축축이 비에 젖는 날이면 지하에 묻힌 할머니 때문에 안절부절못하던 나도 근래엔 좀 무심해졌는데, 측량이 잘못되어 산소를 옮긴다니 마음이 심란하다.

그날은 새벽부터 가을비가 스산하게 내렸지만 개장은 서둘러졌다. 천막 아래로 평토제상이 차려지고 백발의 아버지를 따라 치마 주름이 닳도록 업어 키운 손자들이 서열대로 잔을 치고 절을 올렸다. 긴 세월 동안 땅 밑에 묻힌 조모의 유해를 만나려는 심정은 다급했다. 장정 몇 명이 삽질을 시작하자 할머니를 꾹꾹 누르고 있던 다져진 흙들이 훌훌 일어났다. 나는 사람이 죽으면 수십 리 땅 밑에 묻히는 줄 알았다. 구만리나 멀리 계시는 줄 알았더니 무덤에 엎드려 목청껏 "할매"를 부르면 들릴 것 같은 깊이에 계셨다.

무덤이 속을 다 드러낼 즈음에 아버지께서 동생들에게 삽을 받아들라 하셨다. 혈육의 손으로 옮겨진 삽이 조심조심 흙을 걷어내자 20여 년간 묻혔던 목관이 언뜻 드러났고, 암갈색으로 썩어가는 관은 아직도 원형을 버티고 있었다. 조모의 하관을 지켜보다 목이 쉬도록 울며 쓰다듬었던 그 관을 태양 아래서 다시 만날 줄이야! 아침부터 두근거리던 심장은 널을 뛰듯 펄떡거렸고, 다리마저 후들후들 떨렸다. 나는 온몸의 촉각을 곧추세워 오랜 수면에 빠진 할머니의 잔상을 기대하며 다가섰는데, 젊은 올케들은 비 맞은 병아리처럼 바들바들 떨며 저만치 물러서 있었다.

기대는 한순간에 무너졌다. 행여 할머니의 생전 흔적이나마 만날까 실낱 같은 기대를 했더니 관을 들어 올리는 순간, 물이 차르르 흘렀다. 울먹거리며 참았던 울음이 터져나와 산천을 흔들었지만 슬픔을 삭일 수가 없었다. 남의 땅이라서 썩은 물도 버리지 못했을까? 꿈에라도 묘소를 옮겨 달라 하시지 왜 이리 참고 계셨느냐고 원망마저 들었다.

할머니는 젖먹이 때 엄마 잃은 나를 지성으로 키워주신 분이다. 산 밑 외딴집에 겨울이 오면 문풍지는 왜 그리 청승스레 울던지. 대숲에

깃든 부엉이와 올빼미의 야성은 또 얼마나 으스스하던지. 그런 밤이면 할머니는 반드시 창호지문에 헌 담요로 휘장을 치고는 실타래같이 엉킨 고전 얘기를 풀어내셨다. 역적으로 몰려 달아나는 아슬아슬한 조은의 얘기며, 서출 자식이란 이유로 출셋길을 접고 그늘에서 살아가는 〈홍길동전〉을 물레를 돌리며 입담 좋게 들려주시곤 했다. 내 유년의 기억 속엔 할머니가 전부였다. 뜸부기소리가 들판을 울리던 어느 봄날 할머니는 생선마리를 사러 가신다고 장에 가셨고, 마음 붙일 곳 없던 나는 울타리에 널린 할머니의 빨래냄새를 맡으며 한나절을 기다렸다. 학교를 파하고 돌아오면 할머니가 계시는 산골짝 밭으로 달려가 땀내라도 맡아야만 마음이 편안하곤 했다. 그러던 조모를 유골로 만나야 한다는 게 너무 서러웠다.

관 뚜껑을 열자 거미줄같이 삭은 수의가 유해를 휘휘 덮고 있었다. 세상에 태어났다가 모진 외로움만 겪다가 옷 한 벌 입고 가신 할머니! 조모의 수의는 시집올 때 입으신 다홍치마 유록 저고리였다. 비만 오면 푸르렀던 신혼의 추억을 건져 올리시는지, 반닫이농에서 갑사 혼수를 꺼내 하릴없이 만져보고는 나프탈렌을 바꿔 넣곤 하셨다. 그리곤 혼잣말로 "내 죽음 옷인데 좀 칠까 싶어 살핀다." 하셨다.

동생들이 는개를 온몸으로 막으며 거뭇한 유골을 타월로 닦기 시작했다. 누에치고 길쌈하고 콩밭 매던 손가락마디까지 가지런히 맞추어 석관에 고이 모셨다. 기왕 지하에서 벗어난 김에 쨍하게 내리쬐는 가을볕에 바싹 말려드렸으면 좋으련만 날씨마저 짓궂게 도와주지 않았다. 이제 관 뚜껑을 닫으면 언제 다시 가실바람을 만나며 높디높은 푸른 하늘을 보실까.

하지만 손자들의 손길로 닦아진 유골에선 흐뭇한 기운이 번지는 듯했다. 무매독자이신 아버지가 대동아전쟁에 가셔서 불귀의 객이 될 찰나를 당하셨기에 할머니에겐 하마터면 후손이 없을 뻔했다. 손자들의 극진한 대접을 받고 계신 조모는 부처님 앞에 엎드려 무릎이 해지도록 빈 탓에 후사를 본 것이리라. 히로시마에 폭탄이 떨어졌을 때 이미 아버지의 전사통지는 면사무소로 날아왔고, 그 참담한 비보를 전할 수 없었던 면장은 이웃에 소문만 조심조심 흘리셨단다. 온 집안 사람이 웅성거리며 할머니의 동태를 보러 대문 앞을 드나들자 눈치 빠른 할머니는 울화가 차올라 낭자머리를 삭둑 잘라버렸단다. 그러면서도 절대 그럴 리가 없다는 최면을 걸고 아궁이에서 재를 퍼 담아 이고는 밭으로 향했는데 밭두렁이 바다처럼 출렁거리더라 하셨다. 높은 낭떠러지에서 뛰어내리고 싶었지만 집에서 떨고 있는 며느리가 가련해서 밥이라도 해먹이려고 마음을 돌렸단다. 정신이 나간 채 안친 밥은 물을 붓지 않아 화근내가 등천을 하더라고 아픈 과거사를 펼쳐놓곤 하시었다.

일본의 방공호에서 저승을 오락가락하던 아버지는 시체를 치우는 일본인의 발에 밟혀 꿈틀거려서 병원으로 이송되었다. 망자에서 생존자로 바뀌었고 몹쓸 놈의 일본 땅에서 벗어나 귀국하셨다. 생사를 몰라 가슴 졸이던 조모는 뜬금없이 대문 앞에 들어선 아버지를 맨발로 달려가 목을 틀어 안고는 깍지 낀 손을 풀지 않았고, 꿈인지 생신지 살을 꼬집어보니 아프더라고 했다. 죽었다는 아들이 돌아왔을 때 부챗살처럼 활짝 펴졌을 할머니의 얼굴이 그려진다. 지금도 비록 냄새 나는 유골로 드러났지만 찡그리지 않고 닦아드리는 손자들이 있어 그 날처럼 웃을 것만 같다.

할머니는 이제 폭신한 우리 밭에서 정갈하게 몸을 닦고 누워계신다. 오늘밤은 꿈에라도 풀기 빳빳한 광목치마저고리에 비녀머리를 하신 할머니를 만나고 싶다.

함函

혼사날이 정해지면 딸 가진 부모가 더 분주해진다. 한데 아들 가진 내가 저 휘날리는 눈발처럼 마음이 분분해지니 웬일일까. 행여 대들보 같은 아들의 등이 삭아 내릴까 해서일까. 아니면 모자간에 묶어진 끈이 자유롭지 않게 되어서일까. 드디어 떡잎인 내가 떨어져 나가야 할 시점이다. 집에 올 때마다 기숙사에 가기 싫어 뭉그적거리더니 이젠 새아기와 손잡고 훽 떠나가리라. 돌아서는 아들의 등 뒤로 내 마음의 고도孤島가 유빙처럼 둥둥 떠다닐 것만 같다. 하나 그건 짝을 찾아 헤매던 아들의 외로움에 비하면 행복한 넋두리일 뿐이다. 시들어가는 어미 대신 물 오른 새 줄기에 접붙이기를 하려니 내 안에 환한 보름달이 떠오른다.

소리 없이 내리는 함박눈을 바라보면서 함에 넣을 물목들을 떠올려본다. 달거리를 감추려고 입힌다는 다홍치마는 흉허물이 있어도 넓은 치마폭으로 감싸달라는 뜻이라지만, 한편 예기치 못한 일이 닥치면 뒤트임으로 훌훌 털어버리라는 의미가 담겨져 있을 것 같다. 치마말기를 살짝 덮고 있는 초록저고리 또한 제 역할을 다해야 한다. 다홍치마가 세상의 바람에 꽃잎처럼 휘날릴 때마다 냉철한 눈빛으로 제자리에 앉힐 것만 같아 자꾸만 초록저고리에 눈길이 머문다.

옷장 선반 위에 얹힌 그 옛날 나의 다홍치마 초록저고리를 꺼내보았다. 과연 나는 저 다홍치마의 함수 값을 제대로 했는지 돌이켜보니 얼굴이 화끈해진다. 다홍치마의 폭 넓은 의미를 진작 알았더라면…. 다홍치마 초록저고리는 열정과 냉정의 함수관계로 이루어진 것 같다. 한쪽이 부르르 끓어오르면 냉철하게 가라앉히는 상반관계가 새삼 오묘하다. 반달처럼 흘러내린 저고리의 도련과 소매의 곡선은 넘치지도 모자라지도 말라는 중용의 뜻이 담겨있는 것 같다. 고요한 가운데 움직임이 부드러운 정중동의 미. 그 은근한 미를 한껏 품고 있는 예복을 입고 내 남은 시간 속을 천천히 걸어가고 싶다.

하얀 깃을 단 초록저고리에 곱게 드리워진 옷고름을 매고 사뿐히 걷는 새아기의 모습이 눈앞에 아른거린다. 폐백실에서 서툴게 절을 해도 살며시 미소를 보낼 것이다. 우리 가문에 뿌리 내리기 위해 정성스레 엎드리는 등 위로 활짝 웃음을 날려 주고 싶다.

긴 세월 살다 보면 마음도 해져 기워야 할 때가 있을 터이다. 그럴 때마다 꼭꼭 기우라고 검정바탕에 십장생 수를 놓은 화려한 반짇고리부터 챙겼다. 세상이 온통 검정일지라도 십장생들처럼 서로 마주 보고 오래오래 살았으면 한다. 이 반짇고리가 설령 새아기에게 요긴하지 않더라도 괜찮다. 가끔씩 여닫으며 나의 염원을 읽을 수 있다면 그것으로 족하리라.

분꽃처럼 곱게 피어나길 원하는 화장품과 마음의 때를 닦으라는 손거울, 구멍 난 삶을 기울 때마다 손가락 다칠까봐 끼는 골무며, 우리네 삶처럼 다양한 색실을 감을 실패, 수명장수를 바라는 무명실타래도 챙기고, 행여 마음속에 자라나는 곁가지를 자를 가위도 빠뜨리지 않고 챙긴다. 다이아몬드처럼 변치 않기를 바라는 보석함도 함께 넣는다.

예장지를 넣을 예장 보와 폐백실에서 건네줄 비단지갑과 목기러기 한 쌍까지 챙겨 넣었다. 한데 암기러기 주둥이가 청실로 감겨 있다. 여자는 늘 입을 조심하며 살라는 뜻이란다. 문득 나는 살아오면서 얼마나 많은 말을 하며 살았을까. 또 내 말로 얼마나 많은 사람의 가슴에 못을 박았을까. 남의 말에 귀 기울이기보다 말하기에 더 바빴던 나를 돌아보게 하는 암기러기. 그 기러기 주둥이를 풀어 주고 싶다. 실로 친친 감아야 할 것은 바로 내 입이지 않는가.

갓 지은 밥처럼 차지게 살라는 찹쌀과 고소한 냄새를 풍기며 살라는 참깨와 액운을 쫓는다는 붉은 팥과 검정콩도 닷 되씩 넣고 대대손손 번창하길 바라는 빛깔 고운 고추도 닷 근씩 넣는다. 혹시 뉘라도 있을까, 벌레 먹어 조각난 것은 없는지 낱낱이 살핀 뒤 오방주머니에 차곡차곡 담는다. 그리곤 제가 맡은 일을 다시 한 번 새겨두라고 한 달 가량 출입이 드문 작은 방에 넣어 두었다. 한데 그 방 앞을 지나갈 때마다 내가 자꾸만 숙연해진다.

"어머님, 저는 스킨과 로션만 쓰기 때문에 화장품이 필요 없어요." 전화선을 타고 들려오는 새아기의 목소리가 화장품 향기보다 신선하다. 옷도 평소에 입는 걸로 충분하다면서 패물만은 사양하지 않는다. 보석처럼 변치 않고 살겠다는 마음일까. 어머님의 취향에 맞게 해달라면서 나이답지 않게 성숙하다. 시집도 오기 전에 사랑받는 법을 알고 있으니, 내가 설령 사랑하는 법이 서툴더라도 이해해 줄 것만 같아 마음이 든든하다.

새아기의 삶이 약밥 위에 얹힌 고명과 오색 고물처럼 예쁘게 살았으면 한다. 인절미 위에서 꽃송이를 피우는 잣과 대추와 곶감처럼 삶의 불꽃도 터뜨리고, 오색지로 감싼 과일처럼 달콤하고 향기롭게 살았으면 한다. 갑사 주머니에 예주 한 병을 따로 담았다. 함을 완성하고 보니 주는 내 마음이 왜 이리 설레는지 모를 일이다.

세상에 태어나면 누구나 크고 작은 함을 받게 된다. 그 속에는 저 함 속의 것들보다 소중한 것들이 너무 많은데, 세상 끝자락쯤 가서 열어보면 그 많던 보물들이 몇 남지 않았거나 텅 비어있을 수도 있다. 그것은 오방주머니에 담긴 곡식의 깊은 뜻을 몰랐거나, 반짇고리의 소임을 몰라 열심히 삶을 깁지 않았기 때문이리라. 지금 설령 세상의 함이 비었다 할지라도 수壽를 다하는 날까지 열심히 살면 다시 소중한 것들이 채워질 것이기에 서운해할 필요는 없다.

2

배롱나무

배롱꽃을 보면 외유내강이라는 말이 떠오른다. 입김만 불어도 녹아버릴 듯 여린 꽃잎이 뙤약볕을 당당하게 받아내는 걸 보면 그런 생각이 든다. 대부분의 꽃은 화무십일홍이라지만 배롱꽃은 그런 지청구를 거부한다. 긴긴 여름 동안 붉은 정념을 토해 내는 정열의 화신이다.

사람도 이런저런 시련을 겪다 보면 별명이 많아지듯 배롱나무도 그러하다. 손끝만 닿아도 바르르 떤다고 하여 간지럼나무, 영혼과 통한다고 하여 영매화, 붉은 꽃이 요염하다고 하여 '자미화'라 부르기도 한다.

배롱꽃이 흐드러지게 필 무렵이면 여름의 열기도 한풀 꺾여 옛사람들은 풍류를 즐겼다 한다. 자미화가 봉오리를 맺을 때쯤이면 술을 담그고, 꽃빛이 농염해지면 벗들과 함께 냇물에 술잔을 띄우며 유유자

적했다는 어른들이 짐짓 부럽기도 하다.

매끈한 배롱나무의 몸에는 선비의 기품이 풍긴다. 눈꽃같이 연약한 꽃을 피우지만 사발덩이만 한 달리아 꽃숭어리에 기죽지 않고, 석 달 열흘을 견디는 기품이 예사롭지가 않다. 여름 한철 붉은 것에 자족하는 소탈함은 물론이고, 매끈한 몸피가 고결한 얼을 지닌 듯해서 함부로 대하기도 어렵다. 절개를 상징하는 솔도 껍질만은 두둑한데 굽은 배롱나무는 고목일수록 수피가 매끈해서 욕심 없던 옛 선비를 떠올리게 한다.

나무가 겨울채비를 할 즈음에 양동마을 관가정 뜰 안에 서 있는 그 배롱나무를 다시 찾았다. 싸리비질 가지런했을 뒤뜰이 마른 잡초들로 너저분하다. 굴뚝의 그을음도 삭아 내린 휘휘한 고택을 기웃거려본다. 높은 축대를 쌓아올린 한옥이 사람을 품지 못한 허허로움에 음산한 기운만 가득하다. 간간이 들려오는 객의 발 소리가 무료에 잠긴 옛집을 깨우는 듯하다. 그 집에 생기를 불어넣는 건 상록수인 향나무 한 그루와 알몸으로 버티는 배롱나무뿐이다. 그중 한 켜의 껍질도 용납하지 않는 배롱나무가 마음을 툭 친다. 장구한 세월에 덕지덕지 쌓이는 비늘을 어찌 감당했는지 새하얀 몸피가 삼대같이 매끈하다. 인간의 욕심은 다져 밟아도 살아나는 사초 같은 것. 그 나무를 뜰에 심어 허욕을 삭이려는 선비의 속마음이 고뇌로 다가온다. 이제 맵찬 바람이 휘몰아치면 피골이 상접한 나목으로 동한을 맞이하지만 쉬이 고사하지는 않을 듯하다. 저녁햇살을 받아 안는 깐깐한 목질이 그런 예감을 준다.

굳건히 몇 백 년을 살아온 배롱나무에 인간을 견주어 보면 헛갑기 짝이 없다. 사람의 마음은 기다리다 지치면 앵돌아앉고, 시련이 닥치면 지레 물러서기 마련이다. 키워준 은덕은 쉬 잊고 가시밭길로 안내했다고 원성부터 터져 나온다. 그뿐인가. 세상이 늘 춥다고 엄살을 부리고 차오르는 물욕을 주체하지 못해 몸살을 앓는다. 사람처럼 나무를 지탱시켜 주는 것도 다르지 않을 게다. 생명체에 필요한건 물질이지만 그보다 더 갈급한 건 관심이라는 생각이 든다. 그러고 보면 시들게 하는 건 찬바람이 아니라 쌀쌀한 무관심이지 않을까. 바싹 마른 가지가 정에 굶주려 시들시들 맥이 없어 보인다. 객인 내가 따스한 손길로 다가선다 해도 주인의 웅숭깊은 관심에는 비할 수 없을 터이다.

만물은 주인 잃은 그날부터 생기를 잃는다. 인기척이 없는 빈집의 담벼락은 허물어지고 주인의 훈기를 맞지 못하는 반닫이농도 곰팡이가 피면서 썩어간다. 생명 가진 꽃나무도 마찬가지다. 임자 잃은 배롱나무는 주인의 찐득한 정이 또 얼마나 그리울까. 어쩌면 훨훨 하늘을 비상하는 새들이 부러워 몸부림을 칠 것 같다.

이 집에서 쳐다보는 가을하늘은 유난히도 높다. 간간이 창공을 나는 새들과 뒷산을 오르내리는 청설모들만이 적요를 밀어내는 인적 없는 이 뜰에서 배롱나무는 언제까지 연명하게 될지. 오늘의 내가 세상을 떠나고, 몇 대 후손이 이곳을 찾는 훗날에도 꽃 피고 잎 지는 생태를 이어갈는지. 번번이 허방만 짚는 기다림이지만 끈을 놓을 수 없는 게 정리인가 보다. 건지乾支끝에 잔명을 매달고 청백한 얼을 기다리는 배롱나무가 고산준령을 넘는 길손보다 고단해 보인다. 누각에 쳐진

거미줄이 걷히고 마룻장이 반질거리면 쓸쓸한 관가정官家停에 글소리가 두런거릴까. 곡식 거두어들이는 머슴들의 땀내를 맡으면 외로움을 털어낼까.

배롱나무만이 아니다. 가뭄에 조갈이 든 밭곡식도, 탄갱에 갇혀 실의에 빠진 광부도 인기척을 들으면 삶을 놓지 않는다 한다. 살아 숨쉬는 모든 것은 관심을 받을 때 존재의 가치를 느끼나 보다.

큰물 지던 날

황톳물은 어렸을 적 나에게 두려움의 대상이었다. 집 앞으로 넓은 들판이 펼쳐져 있고 그 위로 저수지 하나가 있어서 아버지는 큰 비만 오면 그 못 둑이 터질까 걱정을 하셨다. 지금도 홍수가 지는 여름이면 둑 위로 넘실거리는 큰물에 강아지와 돼지들이 휩쓸려 가는 모습들이 되살아나 진저리를 치곤 한다.

냇가 외딴집에서 자라던 내가 고작 여덟 살 때 사라호 태풍이 왔다. 밤새 쏟아지던 큰비는 아침이 되어도 그치질 않아 들판이 온통 물바다로 변해버렸다. 아버지가 늘 염려하시던 못 둑이 터졌다고 했다. 항상 당당하시던 아버지가 허둥대며 공포에 떨었고, 그 모습을 본 나는 무서워 안방으로 숨어들었다. 이내 일가친척들이 웅성웅성 우리 집으로 모여들었고 아버지와 집안 어른들은 모두 둑에 막아서서 큰 기침을 했다.

"으흠 으흠 으흠."

그 헛기침 소리는 거대하게 밀려오는 물의 세력을 연약한 인간의 훈김으로 막아보려는 처절한 항전이었다. 강한 물리침을 뜻하는 그 기침은 옛 선조들의 전례를 따라 할머니가 시킨 것이다. 그러나 용틀임을 치며 밀려드는 물굽이는 인간의 의지를 조롱하듯 마침내 우리 집을 삼키려 했다. 어머니와 집안 숙모들은 동생을 업고 허겁지겁 가재도구를 뒤뜰로 치우기에 바빴고, 아버지는 집안아저씨께 소 두 마리를 대피 시켜달라고 부탁하면서 나도 같이 따라가라고 강한 어조로 말씀하셨다. 억수같이 쏟아지는 비를 맞고 아제의 뒤를 따르던 나는 집과 가족을 물속에 잠겨두고 홀로 떠나는 피난민 같아서 서럽게 울었다.

"아제요 내만 가면 우짜능교."

그러나 나를 안심시켜 주는 대답은 들리지 않고, 그냥 소고삐만 묵묵히 잡고 가시는 아제의 구부정한 뒷모습이 무심하기만 했다. 비에 젖은 새 새끼모양을 하고 큰집엘 갔더니 초등학교 상급생이던 언니와 오빠만 있었고 어른들은 이미 우리 집으로 가신 뒤였다. 젖은 옷을 입고 마루 끝에 걸터앉아 마구간에 매어있는 우리 소를 보니 더욱 눈물이 났다. 큰집 소의 텃세에 눌려 구석에 웅크리고 있는 게 측은하기 짝이 없었다. 큰집 언니는 훌쩍거리는 나를 어떻게 달랠까 고민하는 듯하더니 부엌에서 물 한 공기를 담아 와서는 이것 먹고 울지 마라며 달랬다.

그건 밀개떡을 찔 때 넣던 사카린 물이었다. 달작지근한 물이 입안을 적실 땐 울음을 참아야지 했지만 마당에 퍼붓는 세찬 빗줄기를 보자 또 눈물이 났다. 또다시 언니는 부엌으로 들어갔고 이번엔 쇠젓가락을 불에 달구어 와서 머리를 볶아 주마고 했다. 퍼붓는 빗소리에 마음 붙일 곳은 언니뿐이었다. 예쁘게 해준다는 말에 머리를 맡기고 있으니, 코에선 노린내가 나고 귓전에선 열기가 후끈했다. 조금 뒤 언니가 손거울을 보여주며 예쁘다고 치켜세워 주었지만 그 말도 귓전으로 들렸다. 하지만 웃어라도 주어야 될 것 같아 억지로 웃는 척을 했다.

오후가 되어서야 비가 그쳤고 집으로 오라는 기별을 받았다. 가슴 콩닥거리며 뛰어오는 동안 제발 무사하기를 바랐으나 뒷담을 뭉개고 만든 임시 통로가 긴박했던 상황을 말해주고 있었다. 집 앞 둑은 형체도 없고 마당도 반쯤 떠내려간 집이 썰물에 실려 간 갯벌 같았다. 들에서 밀려온 찌꺼기가 마당가에 수북했고 담 사이에 심어진 감나무는 뿌리를 드러낸 채 비스듬히 기울고 있었다. 마루 밑에 숨어있던 털복숭이 강아지들만 축담에서 오글대며 집안에 활기를 불어 넣고 있었다. 그렇게 막막한 상황에 계시는 부모님 앞에 곱슬머리를 하고 나타난 게 미안했으나 아버지는 내 볶은 머리쯤은 보이지도 않는지 아무런 반응이 없었다. 마당이 떠내려 갈 때 아버지의 가슴도 무너져 내렸을 터인데, 그때 나는 철딱서니 없는 미용실 손님 흉내를 내고 앉아 잠깐 집을 잊고 있었다.

아버지는 연출가였다. 더 큰 수해가 아니어서 다행이라며 힘찬 목소리로 가족들을 안심시키자, 이내 부엌에선 저녁연기가 모락모락 피어오르고, 소죽솥에서도 피난 갔던 가축의 설움을 달래려는 듯 구수한 김이 뭉글뭉글 처마 끝으로 퍼져 나왔다. 그렇게 용틀임을 치던 황톳물의 기세도 그날 밤은 한풀 꺾여 긴장 속에 있던 우리 가족들은 곤한 잠에 빠져들 수 있었다.

얼마 뒤 아버지는 일꾼을 데리고 다시는 무너지지 않을 석축을 쌓아 올렸고, 나는 아버지의 그림자를 따라 냇가 모래밭에서 소꿉놀이를 하며 유년의 시간을 보내곤 했다. 아버지는 내 생에 가장 큰 그늘이었다. 얼마 전 부산에도 지진의 여파가 있었다. 싱크대에서 설거지를 하는데 개수대가 흔들거리고 거실에 놓인 화분이 정신없이 휘청거리고 있었다. 일순 어디에도 기댈 곳이 없어지자 문득 큰물 지던 날의 아버지 기상이 그리웠다. 그때의 아버지 자리에 지금 내가 서 있지만 나는 아이들에게 그런 힘이 되질 못한다. 다만 아직도 든든한 아버지의 가슴에 기대고 싶을 뿐이다.

오십여 년 전에 쌓아 올린 석축은 지금도 당당하게 버티고 있다. 그 둑에 심어진 개나리넝쿨도 지금까지 흐드러지게 피어나고, 해묵은 석축에도 이끼가 덕지덕지 앉았지만 아버지만 시들하게 야위어 간다. 큰물 지던 날의 강직한 아버지 모습이 그립다.

백복령

방문을 열고 달게 주무시는 시어머님을 본다. 희미한 등 아래 곤히 잠든 모습이 가시는 길처럼 아득하다. 그 옆 자리에 내 몸을 누이자 어머님의 몸이 땅 밑 뿌리같이 가라앉는 느낌이다. 따님의 유골을 납골당에 안치한 지 보름이 지났어도 아흔여섯의 어른은 아직 눈치채지 못하고 법당에서 날을 새운다. 두 따님을 모두 앞세운 어머님의 세월이 너무 길어 보인다.

아이들 고모부께서 새벽의 정적을 깨고 부음을 알릴 때부터 어머님께는 비밀로 하자셨기에 쉬쉬하고 지내는데 마음은 천근만근 무겁기만 하다. 몇 년 전 작은따님이 세상을 떠났을 때도 사진을 안고 애간장이 녹아내리게 우셨는데 큰따님의 부음까지 알리면 혼절하실 것 같아 말문을 열지 못했다. 아직 정신이 맑은 어머님께 따님의 비보를 알려드리는 건 너무 가혹한 일이다. 자식의 제일 큰 효는 죽음의 순번을 바꾸지 않는 것인데 막판에 가슴에 묻히다니. 명석하고 곰살궂은 두 따님들이 든든한 울이었는데 이젠 남은 생을 백복령 같은 응어리를 만들며 사셔야 한다.

둥치가 잘린 소나무 뿌리는 양분을 잣아 올려도 보낼 곳이 없어서 뿌리에 백설기처럼 하얀 백복령을 만든다고 한다. 그것도 칠백 일 동안이나. 백복령을 땅속에 만들고 있다는 소나무 뿌리가 지금 어머님과 닮았다는 생각이 든다. 어머님도 따님이 이 세상에 없다는 걸 아시면 가슴이 내려앉을 터이다. 작은따님이 세상을 떠난 지 몇 년 되지 않아 또 큰따님의 부음을 들어야 하는지. 너무 가여워 얼굴을 마주할 수 없다.

어머님의 영감이 예사롭지 않은지 요즘 들어 부쩍 형님의 안부를 자주 물으신다. 그럴 때마다 살얼음판 같은 가슴이 내려앉을까 거짓을 전한다. 암울한 사태를 희망적으로 날조한 허위각본을 전해드리기를 여러 차례지만 언젠가는 들통이 날 것 같아 노심초사 불안하다. 자식이라면 누구나 부모 앞에선 물오른 가지마냥 팔팔해야 하는데 형님은 그러질 못했다. 시난고난 노모의 애간장을 태우다가 결국 두 자매분이 앞서가고 말았다.

노모를 두고 먼저 떠난 영혼이 편할 리 있겠는가. 혼백이 영원히 떠나가는 막잿날 아침에 어머님은 무슨 예감이 드는지 안절부절못하셨다.

“오늘은 와 이래 불안하노, 너거 시누집에 무슨 일이 없나.”

다그치는 어른을 안심시켜드리고 산사로 달리는 길이 뿌옇게 흐려진다. 자손이 귀한 가문에 오셔서 내리달이 딸만 낳았다고 미역국 한 그릇 제대로 못 드셨다던 어머님. 산후 이틀 만에 놋그릇 닦으라고 닦달받으셨다던 서러운 분이다. 그런 고난의 세월도 곰살궂은 두 딸로 인해 쉽게 이겨내고 기가 펄펄 나셨는데, 낙조가 된 어머님을 두고 먼저 앞서 가버렸다. 어제는 먼 산을 향해 질펀한 그리움을 쏟아 내셨다.

“요새는 곤이네 음성 들어본 지도 가맣다.”
라며 눈물을 훔치는 게 아닌가. 돈으로 살 수 있는 물건 같으면 어디서건 구해 드리고 싶지만 그렇지 못한 심정이 너무 안타깝다. 사찰이 가까워오자 영가를 달래는 불경소리가 경내 가득 울려 퍼진다. 노모는 이 시간도 병마를 털고 일어나기만을 비는데 스님은 속세에 연연치 말라고 영가를 달래신다. 향내 가득한 법당을 들어서자 어머님을 두고 극락세계로 가는 길이 무에 그리 좋으신지 영정사진은 함박꽃 같은 웃음을 웃고 있다.

며칠 전, 따님의 부재를 모르는 어머님은 신장 기도를 하겠다고 부득부득 조르셨다. 백 세가 가까운 노인의 기력은 화장실 출입도 힘드신데 자식을 위한 일에는 어디서 힘이 솟는지. 속곳부터 겉옷까지 찬물 냄새나게 단장하시더니 인공관절을 넣은 다리로 절 계단을 올라 부처님 전에 엎드리신다. 그 옆에 나도 같이 엎드렸지만 나와 어머님의 기도는 별개였다. 아픈 딸을 살려 달라 간구하시는 어른 옆에서 나는 시누님의 극락왕생을 빌었다. 솔숲에 싸인 암자에서 가고 없는 딸을 위해 저녁까지 기도는 이어졌다.

선홍빛 홍건한 서산마루에 어머님을 두고 가신 두 분이 원망스럽다. 그리움을 졸여 백복령 같은 응어리만 만들고 계실 어머님을 어찌하라고 먼저 떠나셨는가.

담쟁이덩굴

담쟁이는 홀로 서기를 못한다. 줄기 끝에 촉각을 곤두세우고 악착스레 기어올라야 한다. 원래 담쟁이가 설 자리는 담벼락인데 나무를 타고 오르는 별종도 있다. 제자리를 타고 오르면 눈길이 곱지만, 나무를 타고 오르면 짐으로 보이기도 한다.

낙엽송의 등을 타고 담쟁이가 기어오른다. 가뜩이나 어깨에 매달린 식솔도 만만찮은데 담쟁이까지 붙다니. 줄기로 나무의 목을 조이고 부착근으로 수액을 빨아먹으며 염치없는 짓도 불사한다. 하지만 낙엽송은 눈총도 안 주고 살갑게 봐주는 모양이다. 어쩌면 나무의 우직한 성격이 나풀나풀 여린 담쟁이를 좋아했었나? 한사코 매달리는 손을 뿌리칠 만큼 야멸치지도 못해 그냥 어정쩡하니 동거를 하는 모양이다.

구사일생으로 몸 붙일 곳을 찾은 담쟁이는 미끈한 둥치를 타고 기어올라 상큼한 분위기를 만들어준다. 하늘거리는 잎들의 율동. 그 잎에 흐르는 자르르한 윤기는 낙엽송에겐 더없이 사랑스러운지, 그윽한 눈빛을 보내 담쟁이의 기를 살려 놓기에 충분하다. 뼈대 없는 가문에서 자라 듬직한 둥치를 안고 살 수 있는데 무엇이 두렵겠는가. 낙엽송의 마음을 차지한 담쟁이의 기세가 가관이다.

비록 기대어 살지만 홀로서기로 살아가는 싸리나무들을 눈 아래로 본다. 깔밋한 몸에 성질까지 깐깐하여 융통성이라곤 없다고 무시하는 듯하다. 비바람에 모든 잡목들이 휘청거릴 때도 든든한 둥치만 휘감고 있으면 무사한데, 능력도 없으면서 고매한 척 살아가는 여린 나무들을 아둔하게 보는 눈치다. 담쟁이의 반질거리는 잎들을 보면 자신이 아주 지혜롭게 한세상 살아간다는 듯하다.

담쟁이는 요구조건이 합당치 않으면 간간이 낙엽송의 속을 썩이기도 한다. 생글거리던 웃음도, 귀여운 몸짓도 죄다 거두고 절개도 아닌 절개를 과시한다. 하지만 이미 담쟁이의 맛에 길들여진 낙엽송은 '어디에서 이 외꽃 같은 웃음과 야들한 자태를 볼 것인가.' 해서 무릎을 꿇고 만다. 비록 더부살이를 하지만 어진 동반자를 만나 성깔을 한껏 부리면서 살아간다.

한편 싸리나무들은 남에게 기대어 살아가는 걸 아주 못마땅하게 생각한다. 자존심 하나로 살아가는 그들에게 그런 삶은 용납이 될 수 없다. 둘은 근본부터 다르다. 담쟁이는 요령껏 남의 등골을 빼먹고 살고, 싸리나무들은 궁핍하지만 곧은 절개를 으뜸으로 친다. 그래서 쉽게 살아가는 담쟁이덩굴이 곱게 보이질 않는다. 뼈대 있는 나무들의 모임엔 절대 끼워주지 않고 신분을 구분하며 무시해 버린다. 왜소하고 초라하지만 내면에선 품위를 지니려고 애를 쓴다. 무성한 칡덩굴보다는 나약한 잡목을 높이 보는 무리들이다. 물질보다는 정신을 앞세우고 후세에 누가 되는 흠집은 남기지 않으려 애를 쓰며 살아간다.

낙엽송의 능력은 한계가 있다. 넘쳐흐를 땐 무리가 없는데 가뭄에는 부담스럽다. 그렇다고 정든 담쟁이를 뗄 수도 없어 애초에 뿌리치지 못한 자신을 원망하는 눈치다. 담쟁이가 누구인가. 어디에 기대고 살아볼까? 요 궁리 저 궁리하며 눈치 하나로 살아가는 덩굴식물이 아니던가. 약삭빠른 담쟁이는 스스로 떠나주는 것만이 상책이라 생각하고 때마침 불어오는 가을바람을 타고서 슬슬 떠날 채비를 한다. '모든 것은 필요에 의해서 존재 한다.'는 지극히 평범한 진리로 작별인사를 하며 우수수 떨어져 내린다. 풍채 좋은 낙엽송의 둥치에 얼기설기한 줄기들이 지저분하게 남아서 품위를 추락시킨다. 하지만 그 흔적은 뼈대 없는 후예들을 거두어 먹인 후덕한 처소이기에 미워하지 말아야 하리라.

설 자리를 아는 건 지혜로운 일이다. 고샅길 돌담 위에 초록 레이스를 덮어씌우듯 뻗어나가는 담쟁이덩굴은 살뜰한 형이다. 차곡차곡 쌓아 올린 돌담을 운치 있게 꾸며서 발길을 불러들이는 재주꾼이다. 조석으로 피워 올리는 굴뚝의 연기를 마시며 소박한 꿈을 꾼다. 고택의 이끼 낀 기와담장을 덮어줄 꿈이 아니라 오두막집을 그림같이 채색할 아름다운 꿈이다. 허황된 부를 탐내기보다는 나에게 주어진 자리를 반짝거리게 가꾸는 형이다.

해묵은 은행나무가 뜰 안에 우뚝 선 대가의 담장에도 빛깔 깊은 담쟁이덩굴이 엄전케 덮고 있다. 번잡하게 드나드는 손님들을 맞이하며 조신하게 담벼락을 지킨다. 엄한 분위기에서 벗어나 자유를 누리고 싶은 생뚱맞은 생각도 가끔 있지만 대가의 체통을 위해 마음을 삭이곤 한다. 명문가가 그냥 되는 게 아닌 것을 체험으로 배우며 자리를 지킨다.

낙엽송을 휘감던 담쟁이! 그는 약자의 정체성을 잃고 남의 등에 기대어 살고자 한 이기주의다. 땅을 기든, 시멘트 담장을 기어오르든 자존과 질서를 지켜야 했다. 자신의 안일을 위해 이웃에게 해를 끼치는 건 죄악이다. 하늘을 날아다니든 땅을 기든 지구 위의 생명이라면 지켜야 할 도가 있다는 걸 담쟁이는 몰랐을까.

허기

고요한 선원에 축생 두 마리가 불시 방문을 했다. 엉덩이에 똥이 덕지덕지 눌어붙은 돼지 두 마리가 산사를 찾아든 것이다. 예기치 못한 손님 때문에 절 마당이 왁자해지자 언덕 밑에서 장작을 패던 윤 처사가 도끼눈을 뜨고 잽싸게 달려왔다.

유난히 분개한 표정을 보아 문제의 그 돼지들인 모양이다. 성질마른 처사가 돌멩이를 휘두르며 '개새끼들' 운운해서 모두들 한바탕 웃었다. 그러나 그는 꿀꿀거리며 염치없이 절 마당에 찾아온 짐승을 향한 화를 삭이지 못하고 열을 올린다. 처사의 말인즉 며칠 전 죽도록 밭을 일궈 땅속에 묻어둔 감자 씨앗을 저 축생들이 파헤쳐 모두 절단을 냈단다.

그는 봄바람에 땅이 녹기 시작하자 곳곳에 알맞은 씨앗을 묻었다. 거름을 넉넉하게 넣고 호박씨며 상추와 쑥갓, 열무, 봄배추를 심고,

씨감자는 눈이 다칠세라 정성껏 쪼개가며 묻었다고 자랑을 했다. 그 며칠 후, 아침공양을 마치고 밭에 나갔던 처사가 씩씩거리며 화기 탱천하여 들어왔다. 돼지들이 밭을 파헤쳐 씨감자를 감쪽같이 해치웠다며 노발대발이다. 허리도 시원찮은 양반이 아프게 심은 씨감자가 하루아침에 짐승들의 성찬이 되고 말았으니 화가 날만도 하다.

산돼지도 아닌 집돼지들이 왜 저러고 다니나 알아보니 주인이 홀로 사는 남자인데 정신병이 도져 입원 중이란다. 먹이를 공급받지 못하여 굶주린 축생들이 우리를 뛰쳐나온 모양이다. 배고픈 돼지가 무슨 짓을 못할까. 인근 비구니스님들의 채소밭도 절단이 난 모양이다. 사람도 사흘을 굶고 보면 남의 집 담을 넘는다는데 걸신들린 돼지들이 무슨 짓을 못하겠는가. 그 일을 가만히 듣고 계시던 주지스님께서 처사에게 일렀다.

“배고픈 짐승을 거두어 먹이는 것도 복 짓는 일이니 당분간 음식물 찌꺼기를 돼지막까지 날라다 주소.”

가뜩이나 일복만 많다고 한탄하는 처사가 스님의 말이 기가 막히는지 대답도 않고, 옆구리에 손을 받치고 삐딱하니 서서 땅이 꺼져라 한숨을 쉰다. 스님은 그런 태도가 못마땅하다. 점잖게 일러도 듣지를 않으니 역정을 내시며

“생각해 보소. 배고픈 짐승이 걸식하러 왔다가 팔매질만 당하고 가서야 되겠느냐.”라고.

돼지로 보면 짐승으로 태어난 것도 서러운데 온전치 못한 주인을 만나 우리 속에 갇혀 굶어죽을 판이다. 그까짓 씨감자가 대순가. 그날

내내 그 돼지들이 눈에 밟혀 마음이 편치 않았다. 하기야 요즘 먹고 살기 힘든 건 돼지뿐만이 아니다. 나라 경기가 바닥을 치니 막다른 골목으로 내몰려 허기진 사람들도 많다.

공양주가 휴가를 가고 없던 날이었다. 봉사자와 나는 선방을 신축하는 인부들의 점심공양을 준비하느라 분주했다. 가마솥에선 다시마와 버섯을 우려내는 국물이 끓고 있었고, 안에선 조물조물 찬을 만드느라 바빴다. 밥솥에서 구수한 밥내가 술술 피어오르는 한나절 무렵, 몸집 두둑한 보살 한 명이 공양간에 들어왔다. 절에 오면 공양간 일을 거들어야 복을 받는다는 법도를 아는 듯. 음성이 유난히 높은 그녀가 부엌에 들어서자 분위기가 순식간에 활기가 찬다.

다니던 직장에서 명퇴를 하게 되었다며 천도재 비용을 물었다. 친절하게 답을 해주었더니 내가 제시하는 비용에서 큰 돈 한 장을 더 얹어 당장 폰뱅킹 하겠노라 했다. 그리고는 법공양비와 일 년치 인등비에 양초 한 상자까지 올리겠단다. 풍성한 몸매만큼 인심도 퍽이나 넉넉하구나 싶었다. 모두들 그녀에게 호감을 보이니 풍성한 몸집은 점점 목소리가 커져 공양간이 떠들썩하다.

그즈음 연달아 지낸 천도재로 인해 과일이 넉넉했다. 그녀는 뒤처져있는 물렁한 토마토가 아깝다며 잼을 만들어 오마 했고, 나는 냉동실에서 꾸덕꾸덕 얼어버린 떡까지 한 봉지 담아주며 내일 다시 보자고 약속했다. 그녀가 묵직한 짐을 들고 나서자 스님은 짐을 받아 차부까지 들어다 주시는 친절을 베풀었다.

다음날, 공양간엔 휴가를 마친 공양주와 어제의 그녀가 다시 와서 점심을 짓고 있었다. 오전의 원주실은 한가하다. 연잎 비빌 풀을 가지러 부엌으로 갔더니 어제보다 더 시끌벅적하다. 공양주는 그녀의 말끝마다 장단을 맞추느라 음식에 간이나 제대로 보는지 걱정스러웠다. 너무 말이 많아 좀 수상한 예감이 들었다. 혹시나 하고 통장에 입금조회를 해 보니 그녀의 이름이 없다. 밥순갈을 놓자마자 조심스레 물었다.

"폰뱅킹 했다더니 아직 입금이 안 됐네요?"

그러자 대뜸 수표를 입금시켜 월요일 오후에라야 확인이 된다나. 그럴 법도 하다. 하루 만에 공양주와 찰떡같이 친해진 그녀는 어둠살이가 절간을 다 덮어도 집에 갈 생각을 않았고, 공양주와 둘이서 법당에 앉아 기도 삼매경에 빠져들었다. 이상한 예감에 고개를 갸웃거리면서 집으로 왔다. 이튿날 새벽, 막재가 있는 날이라 새벽공기를 가르며 산사에 들어서니 여느 날과 다름이 없다. 휘파람새는 여전히 대숲에서 신나게 노래를 불렀고, 절 식구들도 모두들 부산하게 움직이고 있었다. 그런데 정작 보여야 할 공양주가 보이지 않는다. "보살님~ 나 왔어요." 하며 방문을 열었더니 그렇잖아도 열이 많은 얼굴이 벌겋게 분기탱천해 있다.

"나쁜 년, 법당에서 같이 기도하다가 삼성각에 올라간다더니 내 지갑을 털어갔다 아입니꺼."

아니, 거금을 들여 재까지 하겠다고 호언장담을 하던 그녀가 절에서 그런 짓을 하다니! 더더구나 스님의 보약까지 지어드리겠다고 선수

치던 그녀가 그럴 줄이야. 수억의 연금을 받는다고 자랑하더니 뭐가 아쉬워 공양주의 지갑에 손을 댔을까? 그녀도 돼지들처럼 배가 고팠을까. 그렇다면 솔직하게 그렇다고 말이나 했더라면 그냥 보내진 않았을 텐데. 왜 신성한 사찰에까지 와서 죄를 짓는지. 딱하기도 하다.

며칠 후 신도들이 모두 돌아가 버린 저물녘이었다. 그렇잖아도 절 분위기가 가라앉았는데 팔팔하던 처사마저 풀이 죽어 있기에, 왜 저 기압이냐고 물었더니 하는 말인즉, 애물덩어리 돼지들이 모두 죽었단다. 씨감자 사건 이후에 가는 곳마다 돌팔매질을 하며 눈총을 주었으니 먹이가 없어 굶주리다 못해 쓰러진 모양이다. 말 못하는 짐승, 배고픈 짐승에게 먹이는커녕 볼 때마다 돌멩이세례를 퍼부었으니 미안하고 후회된다며 그답지 않게 고개를 숙인다.

문득 거짓으로 위장하여 절에서 푼돈을 훔쳐간 그녀가 생각난다. 호두알맹이 같은 자존심을 간직한 채 어디서 또 검은 손을 뻗치며 죄악의 업보를 자초하는지. 걱정스럽다. 차라리 배가 고프다고 솔직하게 고백이라도 했더라면 스님은 쌀 한 포라도 실어 보낼 터인데…….

회색의 변

해변의 몽돌은 파도가 만든 작품이다. 수없이 부딪치고 아프게 닳고 닳아야 뾰족한 모서리가 동글동글해진다.

흑백이 명백한 개성을 없애고 회색으로 변한 것 역시 세파 때문이다. 피를 나눈 혈육도 영원하지 않은데, 하물며 인위적으로 만난 관계야……. 파닥거리는 속날개를 접고 무감각의 회색이 되지 않으면 버틸 수가 없다. 이젠 웬만한 파도쯤이야 '새옹지마'의 지론을 떠올리며 감정의 기폭을 쉽게 낮춘다. 아궁이에서 타는 솔가지의 불꽃도, 열정을 태우는 남녀의 사랑도 종점에는 회색빛 재만 남는다.

그곳은 안전지대다. 모난 돌이 정 맞는 소리도 들리지 않고, 뇌성번개도 피할 수 있을뿐더러, 굿판이 벌어지면 팔짱을 끼고 군상들과 어울려 허심탄회하게 웃을 수도 있다. 누구와도 적을 만들지 않고 다양한 색깔을 받아들이며 화합의 귀재가 되려고 노력하는 색이다. 원래의 칼칼한 성격을 숨기고 느긋한 마음으로 끌어안는 품새는 격세지감을 느끼게 한다. 회색은 어떤 원색과도 어울릴 줄 안다. 모서리가 정리되지 않은 원색끼리 마주치면 날선 언어들로 상처를 내기에 회색은 완충지대로 이용된다. 회색 곁에 찾아온 톡톡 튀는 원색들은 달빛 고운 호숫가에 여장을 푼 듯 유유자적해서, 목선 한 척 띄워주고 싶은 선심까지 일기도 한다. 그러나 회색도 북적거림이 잦으면 문제가 생기기 마련이다. 연약한 화초도 뒤엉키다 보면 본연의 심상이 뒤틀리기 십상인데 하물며 사람의 관계는 더더욱 미묘할 수밖에 없다.

어느 날 절친하던 원색과 회색의 사이에 큰 오해가 생겼다. 엉킨 실타래를 풀려면 침착하게 실마리를 찾아야 하는데 원색은 그렇지 못하다. 마구 휘저어 풀 수 없게 만들어 놓았다. 광포한 성깔로 퍼붓는 날카로운 언어들이 폐부를 찌르는 것도 모자라 큰 소리로 원망하며 다녔다. 세상 사람들은 화려한 원색에게 현혹되어 색안경을 끼고 보기 시작했다. 회색은 억울한 오해를 풀기 위해 애를 썼으나 막무가내였다. 하다가 안 되는 일은 세월에게 맡기라고 했던가. 진실은 언젠가 밝혀지는 것이라고 자신을 달래며 수도승마냥 초월하게 살아갔다. 죄라면 원색을 가까이한 것뿐이다.

세월은 정말 신통했다. 금강산 봉우리만큼 감정의 기폭이 심한 원색을 후손마저 찾지 않는 해묵은 묘처럼 나직하게 만들어 화합의 손을 내밀게 바꾸어 놓았다. 회색이 오래도록 가슴앓이를 하며 오해가 풀리기를 기다린 보람이었다. 진실이 밝혀진 기쁨에 진물 나던 상처도 꾸덕꾸덕 말라가고, 궂은 날 뒤에 다져지는 황톳길같이 매끄러운 관계를 새로이 엮어가고 있다. 원색은 후회의 쓰린 액이 위벽을 할퀼 때마다 모서리를 없애려고 애를 쓰지만 그로서는 쉬운 일이 아닐 것이다.

다양한 색깔들은 회색과 원색의 화합에 어리둥절하다. 그렇게 심한 상처를 받고서도 화해하는 회색을 못마땅해하고, 또 다른 원색은 바보스럽다고 질책을 퍼붓는다. 회색은 지난 일을 후회하며 다가오는 원색을 밀어낼 만큼 야멸치지 못하다. 기후의 변화로 남극의 빙산도 녹아내리는데 그까짓 마음의 빙산쯤이야 문제없이 녹일 수 있다고 생각한다. 매듭을 풀고 옛날의 돈독했던 사이로 돌아가고 싶었다. 회색은 원색이 힘들게 일궈낸 마음의 밭갈이를 받아들여 무거운 짐을 내려주고 싶었다.

마음을 푸는 것은 자신의 색깔을 죽이는 것이다. 다른 색을 받아들이기에 회색은 어머니의 치마폭처럼 푸근하게 보인다. 회색은 마른풀처럼 바람결 따라 누워버리는 비굴함이 아니라 끌어안는 관용이다. 한때 양대 진영의 이념 다툼으로 많은 나라들이 휩쓸렸지만 관용으로 중립을 고수한 프랑스나 스위스의 색깔도 회색이지 않을까 싶다. 회색은 평화의 색깔이다.

회색은 누구나의 빛깔이 아니라 고통스런 세파를 초월한 승자의 색이다.

당고모

가풀막진 고개를 넘고 내리막길을 달려 읍내를 빠져나가면 미루나무가 우뚝 선 강가에 빛바랜 함석집이 보일 것이다. 경제파탄이 난 후 며느리마저 떠나버린 썰렁한 집에서 어린것들을 품고 계실 고모를 찾아가는 길이다. 이 이불이 비록 냉골을 데울 수는 없겠지만 고모를 생각하는 내 마음이 짚불 온기만큼이라도 전해졌으면 하는 바람으로 대운산 고개를 넘는다.

회오리바람이 마당을 휩쓸던 어느 해 겨울이었다. 집안 어른 몇 분이 안방에서 한담을 나누고 계시는데 마당에 당고모 내외분이 뜬금없이 들어오셨다. 장가드신 이후로 오지 않는다고 타박을 받던 고모부가 들어서자 모두들 눈이 휘둥그레졌다. 고모는 잔뜩 무거운 표정을 짓고 계셨고 고모부는 눈치를 살피며 들어오셨다. 한참 뜸을 들이던 고모가 작은방으로 아버지를 불러내더니 무슨 부탁을 받았는지 아버지의 표정이 침울하게 변해서 나오셨다. 그 때문에 갑자기 방안 분위기가 물속처럼 잠잠해졌고 대여섯 명의 숨소리마저도 가라앉아 문풍지 떠는 소리만 크게 들렸다. 부엌에서 점심상을 차리던 어머니와 당숙모가 수군거리기 시작했다.

"댁은 남 보듯 하면서 돈 필요할 때는 처가를 찾아오네, 배짱도 좋다." 그 소리만으로도 고모부 내외가 깨진 사기그릇처럼 사이가 벌어졌다는 걸 알아차릴 수 있었다. 아마도 고모부께 급한 일이 생긴 듯했지만 유감만 가득한 아버지께서 그런 부탁을 들어줄 리 없었다. 풍진 세상을 살아오신 아버지는 당고모의 간청을 받아들이지 않고 그냥 돌려세웠다. 그 일이 있은 후 고모는 흉사에만 마지못해 들어서고 친정걸음을 끊으셨다. 몇 년이 지나자 고모부가 돌아가셨고, 작은댁이 낳은 아이를 고모가 키운다는 소문이 들려왔다. 핏줄이 아닌 그 아이를 친자식인 양 품에 안고 길러내셨다.

시어른과 함께 농사를 지으며, 아이를 대학 공부시키고 결혼까지 시켜 이젠 편하다는 소문이 들려왔다. 내 살기가 바빠서 잊고 지냈는데 지난해 여름에 문득 고모 생각이 간절했다. 설레는 마음으로 찾아갔더니 곱던 얼굴이 곶감같이 쪼그라들고 허리도 많이 굽었다. 무슨 우환이라도 있느냐고 묻는 말에 머뭇머뭇 아들의 사업실패담을 내비치셨다. 채권자들의 손에 문전옥답은 물론이고 제위답과 집마저 모두 넘어갔다나. 그나마 딱한 사정을 아는 주인이 집은 눌러 살라고 해서 다행이지 그런 배려도 없었더라면 거리에 나앉을 뻔했다고 푸념을 하셨다.

할머니는 엄마 잃은 당고모를 딸처럼 생각하셨다. 그래서 명절 끝에 친정에 오면 큰집보다 우리 집에 머무는 날이 많았다. 고모가 오신 날은 가을 들판의 풀벌레 소리도 목청을 낮추어 주었다. 온화한 성품에 곱상한 이목구비를 갖춘 이미지와는 달리 짓궂은 농담을 잘해서 집안 분위기를 빵 반죽같이 부풀리곤 했다. 고모로 인해 아낙들이 모여들면 달구제비 놀이가 시작되었다. 그럴 때면 동생과 나는 마루에 걸터앉아 혼을 빼앗기며 구경했다. 앞 사람의 허리를 안고 길게 늘어지는 행렬도 볼만했지만 말미에 있는 사람이 선두에게 잡히는 순간 비명을 질러대는 고조된 분위기는 온 집안을 달뜨게 했다.

고모는 흥을 몰고 왔다 몰고 가는 바람이었다. 놀이가 절정에 달할 때쯤이면 슬그머니 머릿방에 누워버렸다. 달빛 이불을 덮고 한숨을 토해 내면 옆에 앉은 할머니가 달래셨다."그래, 남편 빼앗긴 네 속을 누가 알겠노." 놀이의 맥이 뚝 끊어지면 몇몇은 고모를 위로하느라 에워싸지만 다른 아낙네들은 뿔뿔이 흩어지고 만다. 고모의 그런 모습은 철부지 나를 까닭 없이 슬프게 했는데, 이제야 휘감아 올리던 한숨소리가 무엇인지 알아차린다.

공직자였던 고모부는 결혼하기 전부터 어른들이 탐탁해하지 않는 여인을 두고 있었다. 정을 쏟고 있는 여자가 있는데 고모에게 억지 장가를 들게 했다. 마음에 없는 혼사를 치른 고모부는 부모님께 신부를 맡기고 직장이 있는 부산으로 내려가 버렸다. 신랑은 동거녀와 살고, 고모는 어른을 모시고 살아야 했다. 그런 속사정을 모르는 가엾은 고모는 주말이면 오지 않는 신랑을 기다리느라 애를 태웠다. 기다리는 심정은 화롯불에 얹어둔 된장냄비와 함께 졸아 들고, 노릇하게 구워둔 생선토막도 애타는 마음과 함께 꾸덕꾸덕 굳어갔을 것이다. 그때 들녘에 물든 석양빛이 고모에겐 무슨 빛으로 보였을까. 신랑을 빼앗긴 고모에겐 자식도 없다. 그래서 메리야스 보퉁이를 이고 오일장을 돌며 한숨을 날려 보냈다.

차라리 젊은 날에 재혼을 했더라면 이런 고난은 없었을는지. 한 번쯤은 팔자를 고칠 수도 있었을 텐데 그게 아쉽다. 고모는 피붙이가 아닌 남편의 아이를 키우면서 가문에 누를 끼치지 않으려고 절개를 지키고 살았지만 참담한 노후를 보상해 줄 사람은 아무도 없다. 제 몸을 옭아맨 누에고치는 비상할 나방이라도 품고 있는데 고모의 가슴속엔 그런 비상할 꿈마저 없다. 인생의 끝자락이 알곡 털어낸 짚단처럼 될 줄 알았더라면 쉽게 살아보셨을 텐데. 그러면 저렇게 가엽진 않을 텐데 돌이킬 수 없어서 애석하다.

연보라 꽃무늬가 수놓아진 노란 이불을 주문했다. 덤으로 따라온 패드는 바둑판 줄무늬가 누벼져 있고, 베갯잇에도 싸리나무꽃이 잔잔하게 수놓아져있다. 억울한 생을 운명이거니 받아들인 고모에게 덮어드리면 내 마음이 조금은 가벼워지려나.

걸인의 밥상

지금 내 머릿속엔 유화 한 폭이 그려지고 있다. 걸인에게 차려준 밥상 옆에서 더 줄 게 없어 안타까워하는 친구 어머니의 모습이다.

보리타작을 마친 초여름 어느 날 숙제를 하다말고 친구네 집으로 마실을 갔다. 조금 이른 점심때였는데 부엌에서 친구 어머니가 쌀 한 톨 섞이지 않은 보리밥을 짓고 계셨다. 초벌을 삶아 다시 뜸을 들인 후, 나무주걱으로 척척 이개고 있었는데 먹음직한 황금빛이었다. 구경을 하던 내게로 구수한 밥 냄새가 번져오자 입안에 침이 고였다. 지룩한 보리밥 한 양재기와 감자를 넣고 지진 토장냄비를 양철 밥상 위에 올려놓고 언니, 오빠들이 둘러앉았다. 숟가락 부딪는 소리를 내며 어찌나 맛있게 먹던지 침이 넘어갔지만 아무도 나에겐 먹어보라는 말 한마디 하지 않았다. 떫은 풋감 하나도 나누어 먹던 친구마저도 입을 닫고 자기 몫을 뺏길세라 나는 안중에도 없었다. 돌아서 오는 길에 그 황금색 밥이 내내 눈에 밟혔다.

포플러 이파리가 고기비늘처럼 반짝이던 한여름 날, 방학숙제를 끝내고 그 친구 집으로 또 마실을 갔다. "옥선아, 노~올~자." 하며 삽짝 앞에 들어섰더니 걸인 두 사람이 마당에 앉아 밥상을 받고 있었다. 누렇게 뜬 메주 빛 얼굴과 누더기옷차림이 무섭게 보였는데 친구 어머니는 객을 대접하듯 정성스레 상을 받쳐내고 있었다. 귀퉁이 떨어진 개다리 소반 위에 고봉으로 담긴 보리밥 두 그릇과 찬물 두 그릇이 얹혀 있었다. 반찬은 달랑 고추장 한 접시. 걸인 두 명은 땅바닥에 앉아 게걸스레 먹었고, 친구 어머니는 그 옆을 빙빙 돌며 "찬은 없지만 배부르게 들고 가이소." 인사까지 곁들였다. 모두들 걸인에게 밥 한 덩어리 주는 것은 예사였지만 상을 차려 주는 이는 없었기에 어린 내 눈에는 신기하기만 했다.

지금도 여름철이 되면 친구네 보리밥이 생각나서 가끔씩 보리밥집을 찾아가곤 한다. 온 콩이 드문드문 섞인 토장찌개와 열무김치 한 보시기가 담긴 밥상을 받고 있으면 얼굴이 누렇게 뜬 걸인이 성큼 내 자리에 다가올 것만 같다. 빌러 갈 땐 당당하라는 지론을 터득한 듯 늠름하게 땅바닥에 퍼질고 앉은 걸인의 모습이 여태 머릿속에서 떠나질 않는다.

친구 어머니는 6 · 25사변의 소용돌이 속에 남편을 잃은 분이다. 분배의 원리에 맞게 나를 따돌리고 배고픈 걸인에게는 자비롭게 호의를 베풀었던 성싶다. 철부지였을 땐 느끼지 못한 인간애가 반백년이 지나서야 곱게 채색되어 눈앞에 어른거린다. 그 보리밥 한 그릇은 부잣집 마나님이 베푼 쇠고기 국밥과는 견줄 수 없는 무게를 지닌 것이다.

지난해 친구가 열심히 다니는 절에 대중공양을 도우러 갔다. 하루에 300명이 넘는 노숙자들의 점심밥을 신도들의 사비로 마련하고 있었다. 친구는 뜨거운 국솥에 엎드려 국을 떴고 나는 찜솥 아홉 개의 밥을 퍼서 김치 몇 조각을 얹어 창구 쪽으로 밀어주면 밥그릇은 순식간에 사라졌다. 노숙자들은 그 밥으로 요기를 한 뒤 나무그늘에 앉아 시간을 보내다가 해가 설핏 넘어가면 지하도로 들어간단다. 옛날엔 헛간에서 잠을 잤는데 지금은 지하도로 바뀐 것뿐, 이전과 다를 게 하나도 없다. 그들을 보면 욕심이 인생의 강물에 갖가지 오물을 흘러내린다 싶다. 분배의 대열에서 물러선 그들에게 최소한 먹을 수 있는 권리는 주어져야 한다고 생각하며 열심히 일을 도왔다.

하나 나는 이율배반적이다. 친구가 쌀 한 가마니를 내서 점심공양을 시키라고 권했을 때 선뜻 답이 나오질 않았다. 건장한 몸을 가지고도 일하지 않는 그들의 심사가 못마땅해서 회피하고 싶었다. 누가 날더러 요즘 얼굴이 좋아졌다 하면 "마음을 비우고 삽니더." 한다. 생각해 보면 비운 게 하나도 없다. 단지 좀 느긋해졌을 뿐이다. 진정 비우고 사는 사람들은 그들이라는 생각이 든다. 하루하루의 입치레를 걱정할 뿐 욕심을 내지 않는다. 집값이 천정부지로 뛰어도 낙심할 일이 없는 그들을 보면 문득 성경 한 구절이 떠오른다. "들에 핀 백합을 보라. 노력하지 않아도 예쁘게 피어난다. 하늘을 나는 새를 보라, 창고가 없어도 배 굶지 아니한다."

토장

장마 속에 묻혔던 햇살이 눈부시게 쏟아지는 날이다. 집 안의 눅눅한 습기를 밀어내려고 창문을 열었더니 화초들이 생글거리며 반긴다. 안방 앞에 놓아둔 투박한 장독도 내 손길을 기다리기는 마찬가지다. 한동안 손길을 주지 않았던 가장자리를 닦아내고 속을 저었더니 곰삭은 된장 냄새가 코를 푹 찌른다. 짭조름한 이 토장은 지난봄에 외숙모가 담가주신 선물이다.

개망초가 하얗게 피던 늦은 봄날, 기억마저 아슴한 외숙모의 음성이 전화선을 타고 들려왔다. "이 서방네야, 내 니를 봐야겠는데 언제 한번 올라노?" 이십여 년 전 외조부의 초상 때 뵙고는 처음이지만 예나 지금이나 자분자분하시기는 마찬가지다. 살붙이도 아닌 생질녀를 찾으시는 저의가 고마워서 만사를 제쳐두고 길을 나섰다.

풀잎마저 새들새들 숨을 죽이는 한낮에 서낭나무 아래서 정물처럼 기다리고 계신 외숙모는 어쩜 그리도 옛 모습 그대로일까. 한 올 흘러내리지 않은 낭자머리며 황태같이 마른 몸피에 빳빳하게 푸새한 옷이 빛바랜 흑백사진을 보는 듯하다. 차라리 그 흔한 파마머리라도 하셨더라면 이렇게 연민에 찬 눈빛을 보내진 않을 텐데 변함없는 외양이 괜히 서러웠다.

깡마른 손에 이끌려 뉘 집 아래채로 들어서자 장마 끝에 습기를 가시려고 연탄불을 피웠으니 아랫목으로 앉으라신다. 장정 두어 명이 누우면 알맞은 방에 어릿한 연탄 냄새까지 끼어들어 숨이 턱 막히는데 함지박을 내 앞으로 내밀면서 생질녀 대접도 할 겸 쑥단자를 했노라고 하신다. 형편이 넉넉한 이들도 쓴 커피 한잔에 과일이나 한 접시 내놓는데, 이 형편에 무슨 떡까지 하셨는지 송구스럽다.

어렸을 적, 어머니를 따라 외가에 가면 작은 외삼촌댁에 머물러야 했다. 큰외숙모는 도회지의 골목에 어둠이 깔리고 외등이 밝힐 때쯤이면 고달픈 몸을 이끌고 돌아오셨다. 그때도 외숙모의 방에서는 연탄 냄새가 났다. 맏집 구실을 할 수 없는 살림살이는 갈 때마다 늘품없어 보였지만 외사촌 언니만은 포플린 원피스를 입고 투실하게 자라고 있었다. 반들거리는 양은냄비 몇 개만 판자벽에서 달랑거릴 뿐, 별다른 살림살이도 없는 부엌에서 설탕에 버무린 토마토를 내주시던 손길이 어제인 듯 살아난다. 있으면 먹고 없으면 굶어야 하던 형편에도 외손대접을 하시던 정 많던 외숙모셨다.

내 여린 기억에도 외숙모는 가슴 아린 부인네로 박혀있는데, 하물며 한국전쟁의 소용돌이 속에 같이 휩쓸리다가 운 좋게 건재健在하신 아버지 마음은 결코 편할 수 없었던가 보다. 부러진 날갯죽지로 어린 딸을 품고 있는 모성애는 애련하다 못해 거룩하게 보인다. 그래서 처질녀라도 건강하게 커 주길 바라면서 사물탕을 한 재 지어 어머니 편에 보내드렸던 모양이다. 그건 아버지의 최소한의 양심이었겠지만 외숙모에겐 잊을 수 없는 배품이었던가 보다. 지금까지 마음 속 빚 장부에서 지우지 않고 있다가 갚으려 하셨던가 보다. 봄 햇살 가득한 장독대 앞에서

“내가 너거 아버지에게 빚이 있다. 그 사물탕 한 재가 어찌나 고맙던지 나도 이 서방네한테 된장이라도 한 번 담가 주고 싶었니라.”

황금빛 토장을 꾹꾹 눌러 담아 주시는 게 아닌가. 평생을 살아도 당신 이름으로 문패 한번 달지 못하는 처지에 까마득한 옛날의 한약 한 재가 무슨 빚이라고 된장을 담가 나를 불렀을까. 친 생질을 두고도 아버지 전처 딸인 나에게 갚아야만 온전히 갚는다고 생각하신 마음이 대쪽같이 곧아 보인다.

외숙모는 너무 청광하셔서 흠이다. 사위가 수차례 모시러 왔어도 줄줄이 낳은 외손녀 세 명에 당신까지 보태면 안식구가 다섯이라고 극구 사양하셨단다. 이제 팔순이 넘은 연세에 딸네 집으로 들어가셔도 좋을 터이다. 아들 없는 허전한 품에 떡두꺼비 같은 외손자라도 안겨드렸으면 좋으련만. 삼신 할멈은 그것마저 외면해버려서 안빈낙도 삼아 친정 근처로 들어가셨단다. 거기서 남의 땅을 얻어 묵정밭 일구는 재미로 살아가신다. 아니 밭을 일구는 게 아니라 세월을 일구는 것이다. 다져진 밭이랑에 앉아 미움은 훌훌 털고, 살가움은 품어

안고 먼 길 떠날 채비를 하시는가 싶다. 그런 외숙모를 그려보면 한 점 외로운 섬으로 떠오른다. 아니 수없이 밀려오는 물살을 거르며 자신을 지켜온 바위섬으로 각인된다.

먼 훗날 그 바위섬에 화려한 모란 한 송이 피어나길 염원해 본다.

종부

층층시하에서 옛 풍습을 지키던 종부를 떠올리면 참으로 존경스럽다는 생각이 든다. 관습과 체통에 얽매어 지내던 옛 종부의 고충을 생각하면 경외심이 들지 않을 수 없다. 불편한 한복을 입고 각상을 차려 밥상 올리던 일이며, 무명옷 삶아 빨아 푸새해서 다림질하는 일이 보통일인가. 또 대소사는 오죽이나 많았으며 사돈네 팔촌까지 인사 치를 일은 얼마나 많았을까. 음식 먹새부터 입성까지 여인들의 섬세한 손길이 닿지 않는 게 없었다.

불편하고 고생스러워도 지나간 것은 그립다고 했다. 그래서일까. 요즘 들어 옛사람으로 돌아가는 공상을 가끔 한다.

오늘이 유월 초닷새, 이레만 있으면 제사가 든다. 제주를 담고 콩나물을 기르고, 문살에 앉은 먼지까지 털어내고 대청소를 해야 한다.

제복은 물론이고 이불홑청과 베갯잇까지 삶은 빨래를 해서 정갈하게 다림질을 해야 한다. 종부로서 조상을 모시는 정성이 허술하면 범절에 흠이 갈까 늘 마음단속을 하고 산다. 형편에 과한 제수보다는 메 한 그릇, 나물 한 접시라도 지천하지 말고 정성을 다해 조상을 모셔야 한다. 눈에 보이지 않는 영혼이라고 귀찮아하며 모시는 것은 지내지 않는 것보다 못하다는 어른들의 충고가 귓전에 맴돈다.

내일은 약과, 전과, 다식을 만들고 모레는 오일장에서 어물을 사다 손질해야 한다. 집안 며늘네와 딸네들이 제수음식을 도우러 올 것이기에 나물이라도 맛있게 무쳐서 점심을 먹여야 한다. 뒷밭에 지천으로 돋은 비름나물을 뜯어 와서 갓 볶은 깨소금과 참기름을 듬뿍 넣어 무치고, 여린 호박잎을 밥 위에 찌고 매운 고추를 썰어 넣고 된장을 빡빡하게 지져야겠다. 집안사람이라도 제삿날이 아니면 된장 맛도 볼 수가 없기에 항상 살갑게 맞아야 한다.

입젯날 아침이다. 목욕재계하고 제수마련을 해야 한다. 그 분들이 계셨기에 귀한 자식을 둘 수 있었다. 전 부치고 생선과 어적을 굽는 일들은 며느리들이 하고, 나물 다듬고 떡고물 무치는 일들은 딸네들의 담당이다. 입담 좋은 딸네들이 부엌을 들여다보며 은근슬쩍 농을 걸어 고단한 며느리들을 놀리기도 하며 고단함을 잊게 해줄 터이다. 그런 농담 속엔 구수한 정이 있어 먼 촌수도 가까워지게 해서 좋다. 집안에 생선 찌고 나물 볶는 냄새가 진동을 하는 오후쯤이면, 가마솥에선 인절미 지에밥이 익어가고 고소한 떡고물 냄새가 바람결에 번진다. 산그늘이 내려앉는 저녁 무렵, 더디어 떡메 치는 소리가 담을 넘고 아낙네가 양 옆에 앉아 안반 위의 떡을 손질하느라 바쁘다. 한편 사랑채에선 축문을 쓰는 묵향이 번져 나오고 큰기침소리도 간간이 들려와 긴장을 놓지 못하게 한다.

소찬으로 저녁밥을 먹고 나면 유건을 쓴 제관들이 모여들기 시작한다. 청년들의 밤과 문어 치는 손길이 바빠지고, 번들거리는 놋 제기에 소담스레 제수를 괘 올리고 종부는 옥색 한복을 입고 진설을 살핀다. 고단하지만 범절 반듯한 가문에서 조상을 모시고 어른을 공경하며 지아비를 섬기는 일이 여자로서 얼마나 당당한 일인지를 느끼는 순간이다. 뿌리를 섬기면 아이들은 저절로 무성해지는 법이 아닐까. 이윽고 자정을 넘기면 제상 앞엔 제관들이 도열하고 영가가 조용히 좌정하는 기운을 느낀다. 정성으로 제수를 마련했기에 종부로서 양심에 거리낌이 없다.

제사가 지난 지도 열흘이 넘었다. 생선마리도 떨어지고 없는데 갑자기 손님이 오셔서 밥상이 허술하다. 어른 뵙기에 민망해서 오일장을 찾아 나선다. 북어도 한 두루미 사고 간갈치와 명란젓도 사고 과일도 몇 가지 산다. 생선은 소금단지 안에 넣어 두고 실과는 아이들 모르는 곳에 숨겨 두어야 한다. 가문을 이루고 사는 집안에서 손님 접대가 허술하면 어른의 체면이 없어지기에 늘 갈무리가 있어야 한다. 화목한 가정은 부부가 같이 만들어야 한다. 잔잔한 일들은 넓은 치마폭으로 감싸고, 가장은 큰일에 뜻을 심도록 관대하게 내조를 한다. 뿌리 깊은 가문에 들어와서 본바 없는 행동을 하면 친정가문을 욕되게 하기에 신중하게 언행을 해야 한다.

울울창창한 숲처럼 번창한 대가를 이어 갈 수 있게 헌신적인 자세로 살아야 한다. 밤새 다듬이질해 꾸민 의관을 입고 출입하는 가장의 뒤태를 보면서 갖추고 사는 만복감을 느낀다. 비록 도포자락 휘저으며 기방을 드나드는 우를 범해도 속아주는 지혜를 터득해야 한다. 멀리서 볼 때 평화롭고 싱그러운 숲도 속을 들여다보면 고충은 있는 법이다. 어미가 감정의 기폭이 심하면 자식인들 곧게 자라겠는가. 과오를 묻어주며 양처로 살아가야만 집안이 평안하다.

추석이면 동서들과 어울려 솔잎 뿌린 송편을 찌고, 설이면 조청을 달여 한과를 만들고 떡국거리를 마련한다. 황백으로 곱게 부친 계란지단을 채 썰고, 김 가루와 쇠고기 고명을 준비해 설날 아침 수십 그릇의 떡국을 끓여 대가의 세시풍습을 이어나간다. 밤이 이슥해져 윷놀이판이 벌어지면 왁자한 웃음소리가 담장을 넘고 부엌에선 밤참 끓이는 김이 술술 피어오른다. 온 집안이 한 솥에서 익힌 음식을 먹으며 훈훈한 정을 쌓아가게 한다.

처마 밑에 매달아 둔 대구포가 꾸덕꾸덕 말라가면, 시모님의 눈길은 백년손님 사위를 기다리느라 담장 밖에 서성이고, 대주는 광 속에 청주병을 간직해두고 살가운 매부와 대잔 하려고 기다리는 모습이 보기에 좋다.

큰대문에 접빈객이 들어서면 아껴두었던 쇠고기산적과 조기자반을 데워 주안상을 차려낸다. 고단할 때마다 내 한 몸 희생하면 만사가 편하다는 친정아버지의 훈계를 기둥 삼아 버티어 나간다. 대숲에선 부엉이가 삼경을 알리는데 사랑채의 후끈한 정담은 식을 기미가 없다. 바람이 숭숭 든 엿가락과 얼음조각 동동 뜨는 감주를 담아 야식을 보내드리고야 잠자리에 든다. 몸은 피곤하지만 마음만은 더없이 평온하고 당당하다.

나는 아마 전생에 종부로 살았나 싶다.

3

가을 편지

운현궁에서

방문객

아버지의 효孝

천생연분

울

노을처럼

옛 소리

봉식이

양보심에 대하여

가을 편지

새벽 공기가 얼음골 바람처럼 차갑습니다. 새벽바람에 음식물 쓰레기를 비우러 나갔더니 도둑고양이 한 마리가 하수구에 떨어진 과일껍질을 먹으려다 도망을 칩니다. '마음 놓고 먹어라.'고 눈짓을 보냈지만 서럽게 자생하는 영혼에겐 통하지 않나 봅니다.

문득 주인이 먼 곳으로 이사를 가면서 버리고 간 어느 아파트의 애완견이 생각납니다. 무슨 사정으로 버리고 갔는지는 알 수 없지만 하루아침에 그 개는 노숙자 신세로 바뀌었지요. 하지만 마음 밭 따사로운 아낙들이 합세해서 돌보고 있습니다. 그분들은 모임에서 먹다 남은 고기를 챙겨 먹일 뿐더러 일부러 생고기를 사서 볶아 먹이곤 한답니다. 그렇게 치성을 들여 거두건만 사람의 품엔 절대 안기지 않는답니다. 또 다른 배신이 두려워서인지, 옛 주인을 간절하게 기다리는지 알 수 없습니다. 밤이 되면 방금 들어온 차 밑을 찾아다니며 웅크린 잠을 자지만 가벼이 다른 주인을 택하진 않는답니다. 그런 걸 보면 쉽게 변절하는 인간보다 훨씬 웅숭깊어 보입니다.

얼마 전 TV 아침 프로에서 그 개의 주인보다 더 비정한 엄마를 보았습니다. 남편이 교도소에 들어간 뒤 두 딸아이를 버리고 떠나갔더군요. 피붙이를 버리고 갈 만큼 달콤한 곳이 있었나 봅니다. 가엾은 아이들은 고모 댁에서 더부살이를 하다가 고종과 싸운다는 이유로 쫓겨났답니다. 붙일 곳 없는 그들은 남의 집 부엌일을 하면서 자랐고 어느덧 결혼을 해서 불혹의 나이가 되었습니다.

연륜은 사람을 너그러이 만드는 묘약인가 봅니다. 이젠 모든 게 이해가 된다며 엄마를 찾으려고 방송국에 나왔습니다. 어떤 분이 그런 엄마를 왜 찾느냐고 반문하자 혈육 때문인지 사무치게 그립다고만 합니다. 방송국의 주선으로 생모를 찾았고 수십 년 만에 만난 세 모녀는 부둥켜안고 용암 같은 눈물을 흘렸습니다. 뿌려놓고 거두지 않아도 어미를 애타게 찾는 딸들에게서 사람냄새가 물씬 풍깁니다.

그 딸들을 보면서 경비실 옆의 초롱꽃을 생각합니다. 지난겨울 그 화분이 눈을 뒤집어쓰고 얼었다 녹았다 고난을 당할 때, 우리 집 초롱꽃은 엄동설한에도 따뜻한 베란다 안에서 푸릇푸릇 기세등등했습니다. 그러나 아픔이 나쁜 것만이 아닌가 봅니다. 봄이 되자 경비실 옆의 화분에서는 튼실한 싹이 터져 나왔고 초여름엔 초롱 같은 꽃송이를 수 없이 피워냈습니다. 바람이 불 때마다 댕그랑댕그랑 종소리가 쏟아질 것 같습니다.

하지만 따뜻하게 호사를 누리던 우리 집의 초롱꽃은 빈약하기 그지 없습니다. 연약한 대궁에서 작은 꽃봉오리 몇 송이만 만들어내다 지쳐버렸습니다. 창문을 닫고 보호막 속에서 키운 나를 원망하며 시들어갔습니다. 식물이나 사람이나 고난을 겪어야만 깊고 강해지나 봅니다. 올겨울엔 옥상에 올려놓고 설한풍에 얼려볼까 합니다. 감싸고도는 건 쇠락의 길로 몰아넣는 어리석음임을 알았습니다. 갈매 빛 나무들이 잎을 훌훌 털어버리고 거친 손목 같은 가지를 드러냅니다. 앙상하게 잎을 턴 나목 위에는 자식을 대처에 보낸 시골노인의 마른 외로움이 걸려있습니다.

내 이웃에는 가슴 아픈 노인 한 분이 계십니다. 아흔이 넘은 노모에게 기대어 사는 철없는 자식 때문에 바람 잘 날이 없습니다. 그 노인을 보면 '늙거든 자식 집에 가지 말라.'는 옛말이 생각납니다. 허리띠 졸라매고 불면 날아갈까 땅에 놓으면 꺼질까 키워 서울에서 공부시킨 아들이 불효막심한 짓을 합니다. 버린 고양이, 버린 개, 관심 없이 자란 초롱꽃, 그리고 내팽개친 딸들은 제 구실을 하는데 귀하게 키운 할머니의 아들은 왜 저리도 은공을 모르는지 이웃인 내 가슴에도 주룩주룩 비가 내립니다.

가을 산자락의 풍경처럼 내 머리에도 어느덧 단풍이 내립니다. 때맞추어 두 아들이 올가을엔 나의 둥지에서 떨어져나갈 모양입니다. 잎 떨어진 썰렁한 나목이 되어 한동안 서성일 테지만 마음을 가라앉히고 편하게 살아가렵니다. 오감이 농익은 나이에 빈 가지를 허허롭다 할 리 없습니다. 아이들이 새 움을 틔우는 모습을 먼발치에서 지켜보며 버림의 지혜를 배우렵니다. 어설픈 바람막이는 나약한 꽃대를 만들 뿐이었으니까요. 그들이 가는 길에 서리가 내리고 눈발이 휘날려도 경비실아저씨의 무관심을 곱씹으며 과감하게 버려둘까 합니다. 아픔을 뚫고 돋아나는 튼실한 싹만이 아이들을 곧추세울 것 같아서입니다.

시월입니다. 새벽하늘에 기우는 하현달이 세월에게 갉아 먹힌 내 모습으로 보입니다. 이젠 만월이 되어 중천에 뜨고 싶은 욕망도 일지 않습니다. 할 일을 거반 마쳐가는데 무엇 하러 또 채우겠습니까. 쉬엄쉬엄 쉬면서 내 안을 정리하려 합니다. 여태 분별모르는 녹색 잎을 털어내며 가을 길을 걸어볼까 합니다.

운현궁에서

파란만장했던 고궁을 향하는 길이라서 그럴까. 모처럼 찾은 인사동 거리는 스산하고 인파에 짓밟힌 은행잎들은 을씨년스럽다. 즐비하게 이어진 골동품 가게를 스치자 꽃담으로 둘러싸인 고궁의 위용이 저만치서 드러난다.

고종황제의 잠저이고, 흥선대원군의 사저이던 저 터는 풍수지리학적으로 무슨 문제가 있었기에 그토록 환란을 겪었던가. 왕실 생활의 터전이고 조선시대 정치권력의 중심지였던 운현궁 앞에서 나는 발걸음을 멈추어 수굿하게 숨죽이고 있는 기와지붕을 쳐다보았다.

솟을대문을 지나 '노안당' 뜰에 들어서자 몰락한 왕족으로 지냈던 이하응의 숱한 일화들이 꼬리를 물고 일어난다. 기생 춘홍의 집에서 무전취식을 하다 군금별장 이장렴으로부터 봉변당하던 이야기며, 상갓집마다 찾아다니며 흐트러진 행동을 보여 세도가 안동 김씨 가문으로부터 모멸받던 사연하며, 그러면서도 아들에겐 조용히 왕의 법도를 가르쳤다던 흥선대원군의 밀사가 방 안 가득 채워진 듯하다. 서원 철폐와 세도정치 개혁, 그리고 쇄국정치로 숱한 원망을 받았던 흥선대원군의 사적 앞에 나는 왠지 모를 연민이 느껴진다. 어쩌면 그가 문호를 개방하지 않았던 것은 연약한 몸에 항체를 기르듯이 외세에 무방비한 정국을 지키기 위한 의도가 아니었을까 싶어서다. 그 깊은 뜻을 명성왕후가 너그럽게 이해하고 소통을 했더라면 나라의 운명은 어찌 되었을까.

운현궁에서 가장 규모가 크고 중심이 되는 '노락당'을 들여다본다. 이곳은 고종과 명성왕후의 가례를 치른 연회장이 아니던가. 흥선대원군은 이 노락당에서 며느리 명성왕후를 맞이하면서 얼마나 가슴이 벅찼을까. 별스럽지 않는 가문에서 자란 며느리가 그의 섭정에 그토록 대항할지를 누가 알았으랴. 어린 고종을 왕좌에 올려놓고 대조비의 뜻에 따라 섭정을 했기로서니, 또 세자 책봉 때문에 갈등이 깊었기로서니 그럴 수 있었을까. 그 모든 것이 외척세력에 밀려나 몰락한 왕족으로 지내던 시어른의 한이란 것을 알고 품었더라면 그런 환란은 없었을 것을. 흥선대원군을 청나라에 납치시키게 한 사건이며, 서러운 세월 겪고 환궁한 그를 반 감금시킨 야살스런 행동하며, 그러다가 '노안당' 큰방 뒤의 속방에서 쓸쓸히 종말을 맞게 한 일들이 상상 속에 가득하다. 누구나 권세를 탐하면 그렇게 황폐해지는 걸까. 그의 입장이 되어 보지 않고는 함부로 말하지 말라 했건만, 나는 왜 자꾸만 명성왕후를 탓하는 마음만 이는 걸까. 그건 기고만장하던 패권도 추풍 낙엽처럼 사라지는데 부질없는 야망 때문에 일본인의 손에 시해된 종말이 안타까워서다.

운현궁은 풍수지리에 문외한인 내가 봐도 험한 기운이라곤 들지 않는다. 곱게 흘러내린 추녀 선이며, 정교하게 짜인 문살들과 아담한 방, 그리고 무쇠 솥이 엄전케 걸린 부엌의 구조가 그저 살갑게 느껴질 뿐이다. 어느새 나는 '이로당'의 안주인을 상상의 붓으로 그리고 있다. 기와담장에 해당화 넝쿨 올리는 소박한 봄날의 모습과, 모시옷 바삭하게 다려 입는 칠월엔 대발 틈으로 갈바람 기다리는 느긋한 자태를, 그리고 찬바람 이는 가을엔 창호 문에 단풍잎 덧붙이고 달빛 불러들이는 여유와, 싸락눈이 울섶을 다독이는 겨울밤엔 방마다 솜이불 덮어주는 따사로운 여인으로 완성을 하자, 조선의 26대 국모가 차라리 이런 여인이었다면 참혹한 화는 면하지 않았을까 싶다. 연약한 고종을 대신해서 권력을 쥐려 했던 명성왕후의 처연한 종말이 새삼 아프기만 하다.

큰 나무 아래 묘목이 그렇듯이, 흥선대원군의 기백에 눌려 연약했다던 고종황제가 안쓰러우면서도 원망스럽다. 고종이 흥선대원군의 번쩍이는 눈빛만 닮았더라도 명성왕후는 여자로 살았을 것을. 결국 여자의 운명은 남자로 인해 만들어진다는 것을 절감하며 아픈 역사를 간직한 운현궁을 물러나왔다.

방문객

추운 겨울철은 찾아오는 손님도 뜸하다. 일요일 오후의 가게 앞거리에선 이따금씩 자동차 달리는 소리만 스쳐갈 뿐, 사람들의 웅성거림은 들을 수가 없었다. 한갓진 가게의 난롯불 앞에서 신문을 읽다가 스르르 앉은잠에 빠져드는 찰나에 "계세요?" 하는 남자의 음성이 들려왔다. 조심스레 격을 갖춘 목소리가 귓전에 닿는 순간, 고객은 아니구나 싶었다.

단잠을 내팽개치고 정신을 차려보니 중년신사 한 분이 빙그레 웃고 있었다. 실로 손님 없는 가게에서 까막까막 조는 여자의 모습은 한심하고 부끄러운 장면이다. 창피한 모습을 들켜버린 게 속이 상해서 눈을 내리깔고 서 있는데 낯선 남자는 성큼 곁으로 다가왔다. 그가 느닷없이 말을 탕 놓으면서

"나 알겠나, ○○○."

이름을 듣는 순간, 낭패감에 심장이 뛰기 시작하더니 전신에 긴장감이 몰려왔다. 나도 모르게 엉성하게 흐트러진 머릿결을 매만진 뒤 목청을 가다듬어 "아! 어떻게 여기를 아시고……."

그는 40여 년 만에 뜬금없이 나를 찾아와 황당하게 했다. 머리 좋은 수재에 인물마저 훤해서 모두에게서 환심을 샀으며 나 또한 관심이 없진 않았던 선배인데 초로의 나이에 수소문해서 나를 찾을 줄은 꿈에도 몰랐다.

선배는 나에게 오기 전에 아마도 자신의 심장을 노크했으리라. 단발머리 소녀 대신 중년이 지난 후배를 만나니 실망하지 말자고 각오를 했을 테지만, 그래도 너무 초라하게 보이고 싶지는 않은데 대낮에 졸다가 잠이 깬 꼴이라니. 풀어진 해삼 모양으로 그에게 비치다니 자존심이 상한다. 무안하고 창피한 와중에도 나는 인생의 정오를 슬쩍 넘긴 선배의 모습에서 그 옛날의 흔적을 찾아 두리번거렸다.

중학교 일학년 겨울방학이었다. 저녁 해거름에 찬장유리창에 내 모습을 비추며 빗질을 하고 있는데 선배가 큰 가방을 메고 나타났다. 학비 마련을 위해 학용품을 들고 왔다면서 쑥스러운 듯 머리를 긁적거렸다. 그때 싱긋 웃던 그는 복사꽃처럼 붉었고, 나는 부끄러워 도망치듯 방으로 들어가 버렸다. 방 안에서 숨을 죽인 채 문틈으로 선배의 모습을 훔쳐보며 제발 할머니가 좀 많이 팔아주었으면 했으니 조숙하게도 연모의 정을 느꼈던 모양이다.

선배가 빛나는 명함을 내밀며 악수를 청했다. 그러면서 그때 우리 집에 왔던 얘기를 설핏 비치는 걸 보면 감수성이 예민한 소년시절의 아픈 추억을 아직도 지우지 못하는 모양이다. 나도 기억하고 있다며 맞장구를 치는 게 예의가 아닌 것 같아 전혀 모르는 체했다. 단지 그때 남달리 당차고 성숙했던 모습은 기억하고 있다고 말해주었다. 선배는 자랑스러운 오늘이 있기에 힘들었던 과거를 스스럼없이 드러내지만, 그렇지 못한 나는 오히려 왜소하게 추락한 느낌이다.

테이블 위에 놓인 찻잔을 두 손으로 감싸며 위축되지 않으려고 애를 썼지만 마음단속이 어설펐는지 들키고 말았다. 그는 지성의 문턱을 넘을 수 있는 환경을 갖추고도 주저앉아버린 나를 당찬 말투로 후려쳤다. 아버지의 뜻에 고분거리며 의미 없이 날려버린 내 푸른 날을 그가 분개하고 있었다. 남의 일에 분개한 선배의 말은 내 안에 꾹꾹 눌러둔 덩어리 하나를 끌어올려 목울대에 걸쳐 놓았다. 순간 눈물이 핑 돌았다. 여태 나의 잘못된 진로를 분개한 사람은 아무도 없었기에 고마움의 눈물이었다. 하지만 내 자존심이 눈물을 얼른 안으로 숨겨주었다. 마치 혈육에게 꾸짖듯 흥분하는 선배 앞에서 하마터면 주책없이 울어버릴 뻔했다.

"내가 그때 다른 집 가정교사를 할 게 아니고, 너를 지도했더라면 난 너의 운명을 바꾸어 놓았을 거야."

돌이킬 수 없는 옛날을 수채화처럼 그려보였다. 후끈한 얘기들이 난롯불 열기와 합세를 해서 내 얼굴이 가마에 든 도자기처럼 달아올랐다. 그제야 목에 걸렸던 덩어리가 멍울을 삭이며 넘어가는 듯했다. 그가 안타까운 마음에 꾸짖는 말이 상처를 도려내는 치유로 변했다. 아픈 말도 정을 동반하면 상처가 되지 않는다는 걸 알게 했다.

한참의 시간이 흘렀는지 자리를 일어나면서 포켓을 뒤지더니 주례용 장갑을 꺼내 놓았다. 그것만이라도 주고 싶었을까? 선배가 떠난 빈자리엔 흰 장갑 한 켤레만 남았다. 아무런 뜻 없이 건네주었을 하찮은 면장갑마저도 출중치 못한 나에게 남는 것이 달갑잖았는지 씁쓸한 여운이 돌았다. 밖을 내다보니 한산한 거리엔 가로수 잎들만 굴러다니고 그의 자동차는 떠나고 없었다. 그가 자신을 갈고 닦는 동안 난 무얼 했단 말인가. 두 아들의 어미 노릇한답시고 생활전선에 뛰어들어 세월을 삼키는 것밖에는 무엇 하나 내세울 것 없는 것이 슬프다.

'자신을 탁마하지 못한 못난 후배, 단발머리는 세월에게 빼앗겼을지언정 빳빳했던 자존심마저 눅눅해졌나.'

애꿎은 가속 페달만 힘껏 밟고 돌아갔을 모습이 자꾸 눈에 밟힌다.

아버지의 효孝

할머니는 새벽부터 물레를 돌리시다 아버지의 인기척이 나면 손을 놓으셨다. 마당에서 헛기침 소리가 들리면 머릿결을 쓸어 올린 뒤 방안을 정리하셨다. 옷에 찬바람을 가득 묻혀 들어오시는 아버지께선 항상 청정한 기운이 넘쳤다. 어른 방에 온돌이 식어 행여 춥지는 않는지, 손으로 방바닥부터 짚어 보고는 부엌으로 먼저 가셨다. 아궁이 가득 장작불을 지펴놓고 들어오시면 새벽부터 두 분은 도란도란 이야기가 이어진다. 우리들에게는 그토록 어렵고 두려운 분이 할머니께는 언제나 고분고분 자상하셨다. 그 사이 굴뚝에선 아침연기가 모락모락 피어올랐다.

아버지의 며칠간 계획이 할머니 앞에 펼쳐졌다. 오늘은 문상을 가야 하고 내일은 산림조합 회의에 가고, 모레는 향교제사에 가야 한다고 할머니께 미리 아뢴다. 오늘은 논 잔금을 치르는 날인데 얼마를 빌렸으며, 쌀 몇 가마니를 내어 써야겠다는 둥, 세세한 집안 살림살이 하나까지 알리고 어른의 동의를 구했다.

아버지가 늦게 들어오시는 밤이면 할머니의 방 아랫목에는 어김없이 놋주발 밥그릇이 묻혀 있었고, 윗목에는 밥상이 차려져 있었다. 울산장에 지천으로 나던 복어는 처마 밑에 꾸덕꾸덕 말려 약주 좋아하시는 아버지의 해장국으로 이용되었다. 한 채반 씻어 둔 배추를 곰삭은 젓갈에 찍어 드시다가 뜨끈한 복국을 훌훌 들이켜며 "아~시원하다."라고 감탄사를 연발하시면 할머니 얼굴은 모란처럼 화사했다.

두 분의 관계는 잘 고아진 엿발같이 차지게 느껴졌다. 어느 날은 잔칫집에서 보내드린 봉송封送을 내놓고 혼주 솜씨자랑과 예의범절을 세세하게 전해 드리기도 했다. 좀 부풀린 듯한 안부를 전해 들으며 할머니와 어머니는 한지에 싸인 한과와 엿, 그리고 갖은 편을 펼쳐놓고 맛을 보셨다. 아버지는 보고, 듣고, 먹는 즐거움을 오색 사탕봉지를 드리듯 신경을 쓰신 것이다.

아버지가 사십여 년 전 어느 날, 맹장수술을 받았다. 간병인으로 당연히 어머니가 가셔야 하지만 할머니를 오시게 했다. 정 많은 할머니의 치맛자락에는 우리 오남매가 주저리지게 달라붙어 떨어지질 않았다. 특히 둘째 동생은 유별나게 할머니를 따랐기에 둘째를 데리고 종숙부와 함께 부산으로 가셨는데 멀미를 일으켜 아버지보다 더 심하게 앓았다는 이야기도 들었다. 할머니는 환자인 아버지 대신 병실 침대에 누워 얼음찜질을 받고 집으로 오신 것이다. 아버지를 옆에 두고 흙냄새를 맡은 할머니는 금방 생기를 찾으셨다. 아버지는 할머니의 등신불이었다. 할머니의 정은 홈으로 보내는 물길같이 외곬으로 흘렀고 우리들에게까지 흠씬 적셔졌다.

며칠간의 공백이었지만 봄 농사철에 일꾼들의 뒷바라지와 소를 돌보는 일은 할머니가 더 잘하신다. 오월의 넘실대는 보리밭에 기승을 부리던 독새풀도 할머니의 손길을 기다렸고 등겨를 넣고 끓일 쇠죽도 할머니 담당이었다. 연탄 냄새만 맡아도 속이 메스꺼운 분을 왜 간병인으로 모셨는지 알 수가 없다. 어머니는 온실에서 자란 화초 같은 분이어서 어린 소견에도 이상한 생각이 들었다. 모르긴 해도 홀어머니 모시던 아버지의 고충이 물지게의 평형을 맞추듯 출렁거렸으리라. 아버지의 연세가 아흔을 바라보는 지금에야 나는 어렴풋이 알아차린다.

친정집 마루에는 아버지 등에 업혀 너울너울 춤을 추는 할머니의 빛바랜 사진이 걸려있다. 아버지가 고집하시던 유교정신이 저 사진 속에 담겨있다. 고지식하고 해묵은 풍습을 강요하신다고 원망도 많이 했지만, 아버지의 인습 속에는 사람냄새가 났고 늙은 노모를 지성껏 모신 효자였다. 사막같이 메마른 내 가슴에도 아버지가 뿌린 효의 씨앗 하나 묻어두고 싶다.

천생연분

좁은 세면장이 왁자하다. 수족을 못 쓰는 아내를 화장실 변기 위에 앉혀놓고 얼굴을 씻기고, 발을 닦아주며 어르고 달래는 남편의 너스레 때문이다. 옷을 버릴까봐 턱받침을 둘러놓고 비누칠을 하고, 코까지 풀어주니 영락없는 아기다.

부드러운 타월로 얼굴에 물기를 훔쳐내고 영양크림을 문지르며 우리 색시 예쁘다며 뽀뽀를 퍼붓는다. 아무리 아프고 고통스러운 환자인들 웃지 않고 어찌 배기겠는가. 주름 골이 자글자글한 노인의 얼굴에 배시시 웃음꽃이 핀다. 오랜 병구완에 짜증이 날만도 하겠건만 할아버지는 지칠 줄도 모르니 사랑의 힘이란 참으로 위대하라.

팔순을 넘긴 노부부의 이야기다. 일생을 묵묵히 가족들을 위해 희생한 할머니가 중풍 걸린 환자다. 이를 위해 할아버지는 손수 아내의 수족을 자처하며 알콩달콩 살아가는 가족 이야기다.

오래된 고물도 임자를 잘 만나면 빛이 나는 법이다. 잠시도 쉬지 않고 남편은 낡은 손수레를 뚝딱뚝딱 고치고 수리하여 수족이 불편한 아내의 자가용을 만들고 있다. 천장에는 널빤지를 덮어 햇볕을 가리고, 하층부엔 자동모터를 달고, 양옆으로 바람을 막는 비닐휘장까지 두른다. 짐을 싣고 다니던 손수레가 안방마님의 자가용으로 변모한다. 사랑스러운 아내를 위해 들머리 위에 치렁치렁 수실을 드리우고, 앞자리엔 면경까지 달아 놓았다. 입이 살짝 돌아간 여자에게도 손거울이 필요할 거라며 세심한 정성을 들인다.

세상에 하나뿐인 남편 표 자가용을 타고 해안가를 누비는 여자의 얼굴은 정경부인 못지않다. '나보다 행복한 여자 있으면 나와 보라.'는 표정이다. 물론 할아버지가 자전거를 끌고 뒤따라가며 경호를 하고 있다. 간간이 소변이 마려운가? 덥지는 않는가? 목이 마르냐고 살뜰하게 보호를 하니 어찌 주름진 얼굴인들 피어나지 않겠는가. 석양에 물드는 노부부의 사랑을 지켜보는 한 여자는 상대적인 사랑 빈곤에 빠진다. 전생에 얼마나 복을 짓고 살았기에 노후에 저런 호사를 누릴 수 있을까.

지난봄에 찾아뵌 이모부 내외분도 저런 풍경이었다.

산에 측량하러 갔다는 팔순의 이모부는 산그늘이 내리고서야 솔바람을 잔뜩 안고 들어오셨다. 빛바랜 재건 모자 밑으로 백발이 성성하다. 새마을운동이 활기차게 펼쳐지던 지난 시절의 재건 모자를 이모부는 아직도 자랑스레 쓰고 다닌다. 십수 년 만에 찾아뵌 걸음이라

이모부께 절을 올리니 어른도 따라 맞절을 하신다.

"검단 이질녀 아이가. 알아보겠능교?"

기억의 끄나풀을 이어주기라도 하려는 듯 물으니 나를 빤히 쳐다보던 이모가 고개를 흔든다. "나는 모른다." 내 눈엔 영락없이 어리광을 피우는 것 같은데 이모부는 또 정신을 놓아버렸다며 요양보호사더러 약은 잘 챙겨 먹였냐고 채근하신다.

비록 늙고 병든 이모도 티브이 속의 할머니처럼 온갖 호사를 누리며 사시니 가엾지가 않다. 그래서 복 많은 어른이라고 치켜세우니 이모부께서 그러신다.

"이모도 한때는 살림 맡아 사니라고 고생 많이 했심더."

백발이 성성한 이모부는 자식뻘인 나에게까지 존대를 하신다. 귀밑머리 보송한 열일곱 신부를 층층시하에 시집살이 시켜놓고 서울에서 대학 4년을 다니신 게 몹시 미안하단다. 그러고 보면 이모부 내외분은 정서적으로 전혀 어울릴 것 같지 않은 부부다. 이모부는 서울의 명문대를 나와 평생 교직에 계셨지만 이모는 소학교 중퇴다. 남자가 비단마고자라면 여자는 삼베저고리다. 조건을 내세우고 지적인 균형을 생각하면 많은 갈등도 있을 법하지만 전혀 그런 분위기가 아니다. 이종들에게 슬쩍 물어보았다. 젊은 날에도 저렇게 잘 지내셨냐고.

"언니야, 우리 아버지는 엄마를 보석 다루듯 한다. 여태 살면서 큰소리 한 번 담 밖에 넘어간 적이 없다 아이가."

시어른 모시고 아이들 건사하느라 손톱 밑에 풀물이 시퍼렇게 배어버린 이모는 젊은 날 부부모임에 가시는 걸 무척 싫어하셨단다. 멋이란 속에서부터 우러나오는데 뭘 입은들 세련미가 나올까. 모두 잘나가는 지식층 부인들 틈에서 주눅이 들었던가. 그 속내를 짐작한 이모부는 늘 옷매무새를 고쳐주고 나직한 음성으로 달래면서 꼭 동행을 하셨던 모양이다. 사랑으로 익어가는 부부에게 학벌이나 지식, 미모 따위는 별 소용이 없다. 서로 아끼고 챙겨주며 걱정하는 은근한 정, 그것만 식지 않으면 될 것 같다.

의좋은 부부는 떨어지면 병이 난다고 했던가. 몇 해 전에 이모부가 서울○○병원에 입원을 했다. 당연히 이모가 병구완을 해드려야 하지만 아내가 자신의 고통을 지켜보면 행여 병이나 날까 봐 못 오게 하셨단다. 중병으로 입원시킨 남편을 걱정하던 아내는 답답한 심사를 어쩌지 못해 날마다 들판을 휘저으며 남편에게 약이 되는 쑥을 뜯었단다. 그렇게 애를 태우다가 끝내 몹쓸 병을 얻었다며 노인은 안타까워하신다.

서향집 툇마루에 오후 내내 들어앉은 봄 햇살이 대문 밖을 빠져나갈 무렵에야 나도 자리를 털고 일어섰다. 저녁밥 먹고 가라는 이모부의 말씀을 뒤로하고 마당을 내려서는데 발밑이 푹신하다. 들어올 땐 몰랐는데 이모부를 뵙고서야 비로소 눈에 들어온다. 걸음이 불편한 아내를 위해 마당 전체에 고무 카펫을 깔아놓은 것이다. 살뜰히도 배려하시는 이모부의 정성이 눈물겹다. 정신이 오락가락하는 무말랭이 같은 노인을 뉘라서 저토록 아껴주겠는가.

낙조에 물든 담벼락에 정물처럼 기대 선 두 노인의 모습은 하늘이 보낸 천생연분이다. 비둘기 같은 저 내외분 중에 누가 먼저 서산을 넘으실라나.

울

'울' 하고 가만히 입속으로 혀를 굴려보면 둥글게 감싸 안고 품어주는 느낌이다. 어렸을 적에 채마밭에 쳐놓은 울타리처럼 쉽게 밖을 넘볼 수 있는 허술한 집이 좋았다. 그런 집에 살면 바람도 구름도 무시로 드나드니 세상 보는 눈치도 빠르고 남들과도 쉽게 잘 어울릴 것 같다는 생각이 들었다. 나지막한 돌담과 싸리문이 삐걱대는 집에서 홀어머니와 같이 사는 친구가 늘 부러웠다.

그 친구는 칠월칠석날이면 연중행사로 열리는 약수터 노래자랑에도 가고, 강변에서 펼쳐지는 가설극장에도 자유롭게 드나들었다. 겨울밤이면 친구들과 어울려 고구마 서리를 해먹고 밤새도록 놀아도 간섭받지 않았다. 그런 친구를 보면 고삐 없는 야생마처럼 자유로워 보였다.

인척 집에서 놀다가 조금만 늦어도 할머니는 등불을 들고 찾아오셨다. 한창 재미있게 놀다가도 할머니 손에 잡히면 꼼짝없이 따라가는 신세였는데 마음을 들뜨게 하는 재미있는 곳에는 엄두도 못 낼 일이었다. 고삐를 길게 풀어준 다른 부모님들은 쉬운 울이라 여겼고, 코뚜레를 바투 잡은 아버지는 넘을 수 없는 철책이라 여겼다. 사시사철 내려진 아버지의 계엄령에 우리 집 담은 한없이 높아보였고, 자유를 억압하는 아버지로 인해 내 사춘기는 늘 숨이 막혔다.

고향에는 산 아래 농수를 담고 있는 못이 있는데, 삭풍이 갈기를 세우는 한겨울이면 앞산 솔바람소리에 못은 지레 얼어버린다. 그렇잖아도 둑에 갇힌 우중충한 물이 나처럼 갑갑하게 보였는데 빙판이 된 못은 내 마음까지 얼어붙게 했다. 막힌 못물과 갇힌 나는 언젠가는 썩을 거라는 망상을 하며 지내던 어느 날, 그런 부질없는 생각을 깰 수 있는 반증의 날이 왔다.

농수가 필요 없는 가을이 되어 못물을 빼는 날이었다. 물이 빠지고 난 진펄에서 살찐 고기들을 잡기 위해 장정들은 만반의 태세를 갖추었다. 반바지만 입고 고무 함지박을 들고 고기가 우글거리는 못 속으로 들어가면, 노인들과 마을 조무래기들은 못 둑에 둘러서서 고기잡이 구경을 했다. 물론 장정들의 몸매를 보기 민망한 아낙네들은 아예 얼씬도 하지 않는다. 잉어와 붕어, 뱀장어와 가물치, 미꾸라지들이 마구 퍼덕대면 주워 담느라 정신이 없었다. 팔뚝만 한 뱀장어를 건져 올릴 땐 구경꾼들의 함성이 파도 타듯 와— 쏟아지기도 했다. 다만 남정네의 민둥한 살을 봐도 아랑곳 않는 주막집 주모만 못 언저리에서 고동을 줍느라 분주했다. 아마도 그날 저녁엔 논고동무침으로 막걸리 몇 주전자는 더 팔았지 싶다.

해가 설핏해지면 구경꾼들의 손에도 저녁찬거리가 한두 마리씩 배당되고, 검정 고무신에 미꾸라지를 담은 조무래기들도 입이 귀에 걸린다. 시골의 그런 풍경은 마을사람들의 시각과 미각에도 도타운 살을 올리곤 했다.

흐르지 못하는 못물은 투실한 어종들을 길렀던 모양이다. 물속이건 사람 속이건 고뇌하고 갈등하면서 건강한 생명을 품는 모양이다. 그래서 아버지는 나에게 높은 담을 쌓아올리셨던가. 아마도 많은 걸 품고 생각할 수 있는 곳은 울타리가 단단한 둥지다. 아버지는 시집온 이후로 내 속에서 생솔가지 타는 연기가 뭉클뭉클 올라와도 참아내길 바라셨고 모두 운명이거니 하며 받아들이길 원하셨다.

싸리 울타리같이 쉬운 부모를 탐했던 내가 세상 밖에서 부는 찬바람에 찌들고 상처받고 보니 이제야 아버지의 아늑한 담장이 그립다. 모름지기 윤리에 어긋나는 짓은 하지 말라 하시더니 이젠 그런 말씀도 거두어 들인 지 오래이다. 담이 삭아 무너지는 소리가 마음에서 들려온다. 이제 아버지의 담도 삭고 노쇠해진 모양이다. 내가 어디를 가든 간섭도 않으신다. 거친 세파에 다치지 않기만을 바랄 뿐.

세상은 참 고르지 못하다. 아버지의 단단한 울 속에서 자란 내가 아이들은 허술하기 짝이 없는 둥지에서 키웠다. 명절날이면 담장 높은 집은 손님들이 문전성시를 이루고 애완견마저 기가 살아 골목을 휘젓는다. 출세한 가장으로 인해 북적거리는 집을 보면 괜히 울적해진다. 풋감같이 탱글탱글한 나이에 절을 삭이고 있을 아이들의 속을 생각하면 내 안으로 골 깊은 주름이 생긴다. 아이들이 외가를 좋아하는 것도 외할아버지의 든든한 담벼락에서 잔광이나마 쪼이고 싶은 심산일 터이다. 외조부의 담처럼 속으로는 듬직한 설계도를 그리고 있는지도 모른다.

내가 아는 김 선생은 서울에 있는 아들에게 몇 억짜리 아파트를 사주었다 하고, 출중한 모 선배는 아들을 대학교수 자리를 넘보며 MBA 과정을 시킨다 한다. 또 아들의 친구는 20대 후반에 아버지의 무역회사를 물려받게 되었다고. 그런 소문을 들으면 내가 지지리도 못나 보인다. 내 아이들이 조각배를 노 저으며 거친 풍랑을 헤쳐 가는 것 같아 가슴이 아린다.

그런 아들이 용돈을 보내오면 쓸 수가 없다. 차라리 연약한 울이라고 속을 간간이 뒤집어주기라도 하면 편하겠는데 안으로만 삭히고 있으니 오히려 죄스럽다. 오히려 아이들이 엄마 일을 걱정해준다. 술꾼 아비에 비해 아들은 회식할 때만 마지못해 술을 마실 뿐 옆걸음을 걷지 않는다. 아마도 빈약한 울이 되지 않으려고 마음속에 철기둥을 세우는 모양이다.

담처럼 든든하게 품어주지 못한 내가 근래 들어 부쩍 심산해진다. 내가 만든 울타리 사이로 찬바람이 숭숭 들어와 사철 웅크리고 살았을 터이다. 그 고통이 얼어 부푼 보리밭을 밟아주는 반전의 과정이었으면 한다. 바람 불어도 쓰러지지 않는 다부진 포기로 살아내어 먼 훗날 허술했던 어미의 울타리가 그리운 향수로 남기를 바란다.

노을처럼

세월 이기는 사람은 없다더니 고모도 그러했다. 곱던 얼굴에 검버섯이 피고 부챗살 같은 주름도 늘어났다. 당신의 모습은 피고 진 꽃대처럼 앙상하게 말라 연세보다 몇 년은 더 늙어 보였다. 명절 끝이라 새해 인사를 드리고 이런저런 얘기를 하는 중에

"내가 요새 어데 나가면 할매라고 해서 밖에 나가기가 싫다."

너무 진지하게 말씀하시는 표정이 내겐 꽤 충격적이다. 도시에서 곱게 가꾸는 분들이야 일흔이라도 곱게 보이지만 시골노인 일흔은 완전히 할머니다. 굽은 허리에 희끗희끗한 반백의 머리며, 고압선이 깊게 파인 얼굴은 어딜 보나 노인이다. 한데 할머니가 아니라니. 보통 문제가 아니다. 다시 한 번 연세를 물었더니 칠십이란다. 옛날 같으면 상노인인 당신을 물오른 청춘쯤으로 생각하시나 보다. 그래도 그렇지. 군대에 간 손자가 있는데 '아줌마'란 호칭에 연연하시다니…….

그런데 요즘 내 주위에도 친구들이 하나 둘씩 할머니가 되어 손자 키우는 재미를 모임에 나와 떠들어댄다. 아직은 듣기 싫은 소린데 달갑지 않은 호칭이 우리 나이를 장식하고 있어 속마음에 단풍이 든다. 나 역시 무조건 그 소릴 들어야 할 때가 얼마 남지 않았다. 받아들이기 힘들 것 같지만 조류에 밀려오는 물결을 뉘라서 막겠는가.

승강기를 타고 오르내리며 11층에 사는 여섯 살짜리 딸아이를 자주 만나는데, 저 꼬마에게 나는 무엇으로 비칠까 궁금했다. 항상 엄마와 같이 다니기에 '언젠가는 혼자 타면 물어봐야지.' 속으로 벼르고 있었는데 오늘 마침 그 기회가 왔다. 15층에서 타고 내려가던 승강기가 11층에 멈춰 서자 피아노 가방을 든 그 꼬마가 타는 게 아닌가. 항상 만날 때마다 아침 햇살처럼 방실거려서 내가 먼저 인사를 건네곤 한다.

"학원 가나?" 했더니 "네." 하며 인사를 받는다. 이 꼬마에게 묻고 싶은 말을 1층에 도착하기 전에 해야 한다. 만약 중간에 다른 사람이 타면 또 기회를 놓쳐버리기에 망설일 시간이 없다. 저 어린것의 눈에 나는 분명히 할머니로 비칠 것이다. 바른 대로 말하면 어떻게 할까. 가슴이 두근거린다. 아무도 없는 둘만의 공간에서는 꼬마가 진실을 말해도 부끄럽지 않을 테니 주저하지 말고 질문을 던지자. 좀 유치한 발상이긴 하지만 벼르고 별렀던 은밀한 시간에 호칭 테스트를 해보는 거다.

"꼬마야, 내가 누군데?"

내 최고의 다정한 목소리를 만들어냈더니 빤히 쳐다보던 꼬마가

난감한 표정으로 "사람."이라고 말하면서 벽에 바짝 붙어버렸다. 순간 '이 아이가 나의 질문에 공포심을 느끼는 게 아닐까.' 하는 생각이 들었다. 무슨 대답을 해야 저 할머니의 표정이 굳어지지 않을까를 고민하는 눈치다. 할머니라고 하면 화를 낼 것 같고, 아줌마라고 하기엔 자신이 솔직하지 못해서 중용의 미덕을 발휘한 걸까.

"그러면 사람 중에 무슨 사람인데?"

키를 바짝 낮추어 다시 물었더니 몸을 배배 꼬며 "아줌마사람." 하며 애교를 떠는 게 아닌가. 순간 고시에 합격한 의기충천한 사람처럼 화들짝 웃어버렸다. 그렁그렁 눈물까지 비치며 웃는 나를 보더니 그제야 아이도 긴장이 풀렸는지 가지런한 이를 드러내며 깔깔깔 웃는다.

몇 초 안 되는 짧은 순간을 시험 발표 방송처럼 가슴 조이며 얻어낸 대답이 내가 원하는 아줌마로 낙찰되었다. 나는 아직 저 어린 꼬마의 눈에서 할머니로 전락하지 않았으니 얼마나 다행인가. 붉은 태양이 이글거리다가 서산으로 기울려하는 이 안타까운 시점을 나는 저항하고 싶은 것이다. 나이에 반비례하는 여자의 아름다움을 빼앗기기 싫어 퍼덕거리는 내 주책으로 어린 꼬마가 곤혹을 치렀다.

인정하고 싶지 않은 현실을 순진한 꼬마에게 억지 부탁을 한 것이 부끄러울 뿐이다. 아무리 발버둥을 쳐도 탄력 없는 내 모습은 이미 시들시들한 쉰 세대인 것을.

차라리 현실을 겸허하게 받아들여 노을처럼 살까 보다.

옛 소리

넷째 동생이 젖먹이 때였지 싶다. 저녁 해거름에 동생을 업고 채마밭 울섶에 널린 기저귀를 걷고 있는데 안채에서 아버지의 큰소리가 들려왔다. 어머니의 무슨 잘못으로 또 전운이 터지는지 심장이 뛰기 시작했다. 약자인 어머니도 애처로웠지만 연두 이파리 같은 동생의 귀에 센 소리를 들려주기 싫어 집을 등지고 산모롱이 쪽으로 도망을 쳤다. 조가비같이 작은 심장이 팔딱거릴 걸 생각하니 더 멀리 가고 싶었다. 그러나 동생은 이미 등 뒤에서 누나의 뛰는 심장을 느꼈는지 칭얼거리기 시작했다. 할머니가 계시기에 큰 화는 없을 걸로 믿고 피난을 갔지만 이내 집을 향해 발걸음이 돌려졌다. 서럽게 울어대는 동생을 토닥이며 살금살금 집 가까이 다가서면 또 큰소리가 들려왔다. 그렇게 집 주위를 서성이며 오락가락하기를 몇 차례. 들일을 마친 우리 일꾼들은 지게 위에 어둠을 담아 저녁연기 나지 않는 우리 집으로 찾아들고 있었다. 오두막집의 작은 굴뚝에서도 저녁연기가 피어오르는데…….

이번엔 어머니의 날카로운 소리가 화를 품고 쏟아졌다. 아버지의 화풀이가 막을 내리면 그때부터는 어머니의 강세로 기득권을 펼쳐나갔지만 할머니의 만류로 휴전이 이루어져야 했다. 안채엔 화를 내밷은 앙금이 화산재처럼 내려앉아 정적이 깔렸다. 싸움은 항상 어머니의 패배였다. 일방적인 아버지의 불만이 터져 나오는 연중행사였다. 대게 손님이 왔다 간 뒤와 아이들의 행실이 바르지 못했을 때 된소리가 났다.

특히 손님상에 정성이 담기지 않았을 때 더 화를 내셨다. 계란말이 하나에도 김과 실파를 고명으로 넣고 맛깔스러워야 만족해하셨다. 장닭 같은 아버지의 기세는 젊은 날 어머니를 숨죽이기에 안성맞춤이었다. 든든한 할머니가 계셔서 조금이나마 마음을 놓을 수 있었지만 불안해하는 우리들 마음은 항상 전운을 대비하고 있었다. 그런 마음을 아는지 모르는지 두 분의 의견대립은 일 년에 몇 차례씩 일어났고 여린 뇌 속에 깊이 박혀버렸다. 두 마음이 일치되는 길은 그토록 힘들게 보여 나의 일기장 한쪽엔 아픈 내용들이 간간이 실리기도 했다.

그런 날의 저녁밥은 대체로 굶는 편이다. 대찬 큰동생만 대충 먹고 다른 가족들은 시장기조차 못 느끼며 잠자리에 든다. 초당방의 일꾼들마저도 숨소리를 낮추어주면 마치 살충제 뿌린 들판에 메뚜기같이 온 가족이 날개를 접어야 했다. 부부싸움은 칼로 물 베기라지만 몇 일간의 집안 분위기는 살얼음판 같아서 눈치 있게 움직여야 한다. 그

기간 중엔 누구라도 어머니의 말을 듣지 않으면 화풀이의 대상이 되기에 뻣뻣하던 남동생들도 갓 무친 인절미같이 녹진해졌다. 눈치 빠른 강아지마저도 부엌에 얼쩡거리지 않는다. 잘못하면 발길로 차일 수 있으니까.

그러나 모든 것은 시간이 해결해준다. 가슴 아픈 이별도, 예기치 못한 오해도 시간이 흐르면 잊어지고 풀어진다. 갈라졌던 물길이 곧 어울리듯이 어둡던 어머니의 얼굴이 밝아지면 집안은 평정을 찾는다. 어떻게 화해를 청했는지 모르지만 칼칼한 아버지의 성품은 냉전기를 며칠 넘기지 못한다. 언제 싸웠는지 모를 분위기로 돌아오면 애꿎게 떨었던 우리들도 해동한 물처럼 마음이 풀어졌다. 그런 분위기는 협곡이 많은 산악지대 같아서 넓은 평야 같은 집안이 되길 갈망했다. 아버지의 논 평수만큼 마음도 넓어졌으면 했다. 상처는 세월이 지나도 옅어질 뿐 지워지지 않는 것이어서 부모의 토닥거리는 소리를 듣지 않고 자라는 아이들이 부러웠다. 그런 애들이 결 고운 과육이라면 우리는 부딪쳐서 멍든 열매였다.

하지만 비 온 뒤의 햇살이 쾌청하듯이 살맛 날 때도 많았다. 큰소리는 어쩌다 나는 행사였고 잔잔한 일상 속에서 웃음소리도 간간이 나긴 했다. 성적표가 나오던 날 우등상을 받아 오면 호탕한 웃음소리가 담장을 넘어갔고 삶은 계란이라도 몇 개씩 얻어먹으며 목에 힘을 주기도 했다. 기분 좋은 날은 남동생들이 소쿠리를 들고 미꾸라지잡이에 나선다. 큰동생의 미꾸라지 잡는 솜씨는 일품이었다. 가을 논귀에서 배가 노르스름한 미꾸라지를 잡아 으쓱대고 들어오면 모두들 동생에게 얹어졌다. 할머니는 동생이 조금彫金에 태어나서 물고기를 잘 잡는다고 띄워주면 과묵하던 동생은 비싼 웃음을 씩 웃으며 만용을 부렸다. 열 명이 넘는 식솔들이 툇마루가 비좁도록 모여 앉아 제피 냄새 짙은 추어탕을 들이켜며 가족애를 만들어 갔다.

한마음으로 뭉쳐진 분위기는 가축들까지도 기를 살렸다. 목 맨 송아지도 천방지축으로 뛰어다니고 황구도 꼬리를 흔들며 설렁설렁 마실을 나간다. 큰소리가 나지 않으면 살아있는 생명체가 초원의 양떼같이 평화로웠다. 예나 지금이나 행복은 늘 잔잔한 데서 나온다. 자갈돌을 간질이며 흐르는 개울물 소리. 할머니의 삼베치마에서 나는 시큼한 땀내에서 행복을 느꼈다.

여름날의 뇌성 벽력 같은 큰소리와 담장을 넘는 웃음소리를 들으며 아이들이 성숙하는 동안 두 분의 사이도 나지막한 산등성이처럼 변해갔다. 부부가 함께 살아가는 것은 끝없이 맞추어야 하는 고행과도 같다. 큰소리는 두 마음을 조율하는 소리였다. 이젠 조율이 끝난 노부부는 절간 같은 툇마루에 앉아 눈빛으로 마음을 읽으신다. 버드나무 이파리의 숨결 소리라도 들릴 것만 같다.

봉식이

장대 끝에 짐을 매달고 황산을 오르는 짐꾼들의 어깨가 상처투성이다. 짐 한 뭉치를 들어 주려고 했더니 균형이 맞지 않으면 더 힘들다며 사양하기에 마음을 접고 말았다.

깡마른 체격에 땀을 뻘뻘 흘리며 무거운 짐을 옮겨주는 사람을 보다가 해묵은 기억 속에 한 사람이 떠오른다. 오래된 서랍장을 열면 훅 밀려오는 곰팡이 냄새 같은 옛 기억 속에 봉식이라는 아이가 있다. 그의 부모님은 경주 양남의 벽촌에서 입 하나라도 덜어 보자고 어린 봉식이를 우리 집에 보냈다. 나보다 두세 살 위였는데 몸이 재발라 큰 머슴의 잡일을 곧잘 도왔다. 꼴을 베고 자그마한 지게에 들밥을 져다 나르는 등 집안의 잔일을 도맡아 했다. 어쩌다 잘못한 일로 어른들의 꾸지람을 들을 때면 검실한 눈만 껌뻑거리다 곧 앙금을 털어버리는 착한 아이였다. 그럴 때면 배수 잘 되는 파슬한 감자밭을 떠올리게 했다.

여름 방학이 끝나고 개학하는 날이면 학교에서는 퇴비 모으기에 동참하라는 뜻으로 풀을 한 단씩 가져오게 했다. 아버지는 딸아이가 풀단을 이고 가는 게 못 마땅해서 봉식이에게 시켰는데 그는 속없이 좋아했다. 봉식이가 새벽이슬에 바짓단을 적시며 풀을 베고 있을 때 나는 교복을 다림질하며 등교 준비에 바빴다. 단발머리에 교복치마를 팔랑거리며 대문을 나서면 그는 풀단을 지고 나의 뒤를 따랐다. 주인집 딸의 과제물이나 짐져주는 자신을 슬퍼하는 눈빛은 보이지 않고 그냥 현실에 만족하는 표정으로 내 눈에 비쳤다.

가을날 학교를 파하고 타작마당에 들어서면 큰머슴들은 탈곡기를 밟고 봉식이는 등짝에 옷을 달라붙인 채 볏단을 옮기고 있었다. 덤덤하게 대하는 나를 바쁜 중에도 별당아씨처럼 맞이해 주었지만 풀풀 먼지 날리는 타작마당은 나하고 상관없다는 듯 방에 들어앉아 숙제하기에 여념이 없었다.

밤이면 무논의 개구리 소리가 들판을 뒤흔들다 못해 내 방까지 밀려들었다. 포플러나무가 도열한 신작로를 왕복 십 리나 걸어다닌 탓에 책상 앞에 앉으면 잠이 쏟아졌다. 찬 물에 발을 담그며 졸음과의 전쟁이 시작될 때 봉식이는 아래채에서 하모니카를 불어댔다. 고향에 두고 온 부모형제가 그리운지 〈고향 땅〉을 구슬프게 불어서 공부에 집중해야 될 마음을 산란하게 흔들어 놓곤 했다. 그렇게 몇 년 지내다가 내가 여고생일 때 그는 도회지로 일자리를 찾아 떠나갔다.

몇 년 전, 뜬금없이 40년 전의 그가 나를 찾아왔다. 옛날 주인집인 친정에 인사차 갔다가 내 소식을 물었던 모양이다. 선원생활을 해서 살림이 윤택해졌는지 번지르르한 양복을 입고 부인까지 데리고 우리 가게에 들어섰다. 그는 반가운 마음에 인사를 청했지만 나는 황당하고 자존심이 상했다. 옛날 주인집 딸이라고 받들어 주던 봉식이 앞에 도시의 한 귀퉁이에서 장사를 하고 있는 내 모습이 너무 창피하고 속상했다. 그는 오히려 내 초라한 모습에서 상대적인 만족을 느꼈는지도 모른다. 아마 '나도 이제 남부럽잖게 살고 있다.'는 걸 보여주고 싶어서 가족까지 데리고 온 것 같았다.

사람의 마음은 참 아리송하다. 황산의 짐꾼을 보고 봉식이의 모습을 끌어내더니 막상 그가 내 앞에 서니 씁쓸해진 기분이라니. 인생은 엎치락뒤치락 그렇게 흘러가는가 보다.

양보심에 대하여

아프가니스탄에서 탈레반에게 인질로 잡혔던 여성의 말이 잊히지 않는다. 생사가 걸린 위급한 상황에서 어찌 남을 생각할 수 있을까? 하마터면 불귀의 객이 될 뻔했던 그녀가 "나는 괜찮으니 다른 사람을 석방하라."라고 했다. 애타게 기다리는 가족들이 있는데 그렇게 담대한 양보심을 펼칠 수 있다니 큰 그릇임에 틀림이 없다.

양讓. 보步. 심心.

이 세 글자의 운명을 풀어보면 갈등이 많은 팔자이다. 가슴이 선심을 베풀려면 냉철한 두뇌가 항상 반기를 들기 때문이다. 창문도 그렇다. 밤새 귀곡 소리를 내며 열어달라는 바람과 열어주지 않는 주인 때문에 갈등으로 밤을 지낸다. 그처럼 가슴과 머리는 늘 알력으로 밀고 당긴다. 머리가 자기중심적이라면 가슴은 타인과 함께 살아가려는 너그러움을 지닌 게 아닐까. 아침에 창문을 열면 따듯한 실내공기들이 거리낌 없이 자리를 비켜주고 밖으로 나가는 걸 봐도 역시 훈훈한 사람이 남을 배려할 수 있겠다 싶다.

어렸을 적, 방학을 맞아 부산 외가에 갔을 때다. 외조부께서 우리 남매와 외사촌 동생을 데리고 영도다리 구경을 시켜 주셨다. 전차를 타고 영도다리까지 가는 동안 매연으로 내가 멀미를 일으켰다. 난처해진 외할아버지께서 어쩔 줄을 몰라 하시더니 우릴 데리고 빵집으로 들어가셨다. 기름에 튀기는 빵 냄새를 맡고 앉아 있으니 우리 앞에 푹신한 도넛 한 쟁반이 나왔다. 막걸리를 넣고 부풀린 밀떡만 먹던 우리 앞에 설탕을 철철 뿌린 도넛을 보자 침이 꼴깍 넘어갔다. 하지만 동생과 나는 차마 손을 대지 못하고 있었는데 똘똘한 외사촌은 "안 묵나, 안 묵나." 하면서 맛있게 먹기 시작했다. 우리가 한 입 베어 먹을 때 외사촌은 두 번 세 번 먹었고 도넛은 순식간에 없어졌다. 순간 설탕만 남은 빈 접시에 동생의 눈물이 후두둑 떨어졌다. 가뜩이나 도시의 풍경에 어릿해진 동생이 제몫을 빼앗기고 우는 걸 보니 어찌나 불쌍하던지……. 지금도 양보심 없는 외사촌 때문에 울던 동생을 떠올리면 코끝이 시큰해진다. 혈육의 정은 평소에는 무덤덤하게 숨어 있지만 약자가 되는 순간엔 쏜살같이 나타나서 편이 되어 준다. 그래서 할머니는 핏줄만큼 좋은 게 없다며 의좋게 지내라고 하셨던가 싶다.

동생도 이기적이기는 마찬가지였다. 맛있는 강정이나 홍시를 단지에 감춰두고 혼자 야금야금 꺼내먹곤 했다. 여름철 뒷산에 소를 먹이러 가는 일도 어린 동생에게 미루곤 했다. 모내기철에 단비가 쏟아지면 산골짝 천수답은 가족들끼리 모를 심어야 했다. 그럴 때도 동생은 자기 앞만 심고 내 앞은 도와주지 않아서 나무라면 자기 앞만 챙기면 된다고 했다. 아마도 어릴 적 영도다리 보러 갔을 때 외사촌에게 도넛을 빼앗긴 억울함으로 인해 양보심이 사라졌지 않을까 싶다.

할머니가 돌아가시기 전까지 귀거래사처럼 종종 하시던 말씀이 잊히지 않는다. 가뭄이 깊어 논에 물꼬를 간수하러 가는 길에 선비 어른을 만났단다. 그 어른께서 제수씨 논에 물꼬도 함께 봐주겠으니 오지 말라고 하시더란다. 인품 좋은 어른이라 태산같이 믿고 있었는데 이튿날 논에 가보니 아니 이럴 수가! 우리 논에 물을 몽땅 빼서 당신 논에 찰방하게 채워 놓았더란다. 애살스런 제수로부터 물을 얻으려면 힘들 것 같아 속임수를 쓰셨던 모양이다. 그 후로부터 할머니는 세상에 믿을 사람 아무도 없더라고 두고두고 말씀하셨다.

사람이나 날것들이나 생명 가진 것들은 모두 자기만을 위한 이기심으로 곁을 돌볼 여유가 없다. 태풍 '나리'가 오던 날 아침 서생 바다의 광포한 물굽이를 보러갔을 때다. 해변 길에 차를 세우고 성난 바다에 시선을 주고 있으니 한 끼의 성찬을 마련하려는 갈매기의 집요한 몸짓이 포착되었다. 나래를 펴서 수평을 조절하고 물속을 들여다보더니 물고기 한 마리를 찾은 모양이다. 가랑잎 같은 몸이 수직으로 내리꽂혔다가 고기 이삭 하나 건져 물고 솟구쳐 오르는 모습이 비호처럼 용맹스러웠다. 하지만 먹이를 물고 날려는 순간 힘센 놈이 어디서 날아와 낚아채어 줄행랑을 치는 게 아닌가. 만물을 다스리는 영특한 인간도 그러할진대, 날것들에게 무슨 양보심이 있을까. 애써 건진 먹이를 힘센 놈에게 빼앗긴 갈매기의 잔상이 지금도 짠하다.

4

노래방 도우미

계단을 쿵쿵거리는 발걸음 소리가 낯설지 않다. 귀에 익은 소리라 내다보니 그녀다. 밤바람에 이 년 남짓 시달린 모습이 바지랑대에 걸려 빛바랜 헌옷처럼 후줄근해 보인다.

엄동의 밤바람은 오죽이나 거친가. 밤에 활동하는 직업이지만 밤하늘에 달과 별은 꿈에서나 볼 수 있는 낭만이고, 담배연기 자욱한 룸에서 번쩍번쩍 돌아가는 미라 볼과 함께 신명나게 춤을 추는 여자다. 취객의 기분을 맞추기 위해 웃기 싫어도 웃어야 하고, 듣기 싫어도 들어 주어야 한다. 때로는 난폭한 손님을 만나 살얼음판 같은 기류 속에서 몇 시간을 보내야만 봉사료를 받을 수 있는 그녀의 직업은 노래방 도우미다.

동글한 눈매에 뽀얀 피부색을 가진 그녀가 내 앞에 나타난 건 이태 전이다. 귀티가 졸졸 흐르는 얼굴인데 왜 이런 일에 뛰어드느냐고 했

더니 막혔던 말이 봇물같이 콸콸 터져 나왔다. 처음이지만 조금도 거리낌 없는 말투로

"남편이 도박을 했거든요. 신혼 초부터 지지고 볶고 싸웠지만 아무 소용이 없고 골병만 들어서 아이 둘을 데리고 나왔다 아입니까."

도박꾼은 아내도 담보물건으로 보이는 모양이다. 노름판에서 돈을 몽땅 날리면 그녀를 보증인으로 세워놓고 기천 만원의 빚까지 얻었단다. 본전을 건지려는 속셈이었지만 어디 그 세계가 호락호락 건져지는 곳이던가. 아내를 저당하고 빌린 돈마저 깊은 수렁에 던져 버린 그녀의 남편이다. 성실한 가장을 둔 부부 사이에도 가끔은 풍랑이 이는데, 일확천금을 꿈꾸는 남편을 둔 그녀의 앞길은 불을 보듯 뻔하다. 해서 거금의 빚과 두 아이를 대동하고 집을 나왔단다.

생활비며 아이들 교육비, 남편이 안겨준 고액의 빚까지 갚으려면 그녀가 벌어야 할 돈은 엄청난 액수였다. 식당에서 받는 돈 백만 원 남짓한 보수로는 어림도 없어서 노래방 도우미로 나섰다 한다.

그녀는 뛰는 반경이 넓어 스쿠터를 타고 다녔는데 비바람이 부는 날이면 빗물에 달라붙은 차림으로 들어서서 화장을 고치곤 했다. 여자의 고달픈 일상이 가여워 실없는 농담을 던지면 태연하게 깔깔 웃는 모습이 참 귀엽다. 소탈한 성격 때문에 잠시라도 짬이 나면 그냥 있질 않는다. 세면장에 물수건이 수북이 담긴 걸 보면 비누 거품을 북적북적 피워 올려 씻기도 하고, 질퍽해진 바닥을 밀대걸레로 말끔히 닦아 주기도 한다. 그런 때면 그녀가 짊어진 삶의 무게가 저 비누 거품처럼 가벼워졌으면 하는 마음으로 뜨끈한 칼국수를 시켜 함께 먹

곤 했다.

낮부터 새벽까지 마른 손님, 진 손님 가리지 않고 받아내던 그녀가 어느새 그 많던 빚을 다 죽여 냈다는 것이다. 빚을 갚아주는 조건으로 젊음을 요구하는 유혹도 없진 않았다지만 지혜롭게 잘 넘기고 자가용까지 사서 굴렸다. 허리가 휘도록 무거웠던 빚덩이에서 벗어난 그녀의 홀가분한 눈빛을 보자, 그제야 눈동자에 이성을 담을 빈자리가 보이는 듯하다. 한창 싱싱한 여인의 가슴에 사랑이 왜 그립지 않을까. 지친 심신을 푸근히 기대고 싶은 사람이 부러워 사고라도 일으킬까 염려스럽다.

간간이 그녀들에게 한 살이라도 젊을 때 새로운 배필을 찾아 가라고 타이른다. 가진 것 없이 노후생활을 어떻게 살아가겠느냐고 일깨워 주지만 헛소리일 뿐이다. 모성을 버려야만 가능한 일이기에 "저 아이들까지 함께 책임져 줄 사람이 어디 있겠능교?"

거센 반박을 해대는 소리에 말문이 막힌 나는 운명을 재생할 수 있는 공장 하나 세우고 싶은 생각이 굴뚝같이 일어 날 때도 있다. 그런 내막을 속속들이 알고 있는 나에게 누가 도우미를 비하시켜 말하면 듣기가 싫다. 요즘 세태에 헤어지면 서로 자식을 맡지 않으려는데 거금의 빚까지 짊어지고도 뿌린 씨앗을 거두려는 그녀가 사람답게 보여서 도와주고 싶었다. 그런 여자가 만약 자식까지 내팽개쳐 불량아가 된다면 그 여파는 우리 사회가 고스란히 안아야 한다.

그녀에게 잘못이 있다면 딱 하나다. 남편 선택하는 안목이 없었을 뿐, 마음씨 맵시는 어디 하나 입댈 곳이 없다. 경찰 단속반도 업주에겐 서슬 퍼렇게 날을 세우지만 그녀들에겐 슬쩍 비켜간다. 막다른 골목에서 꿈나무를 품고 사는 그녀들을 눈 감아 줘야 마음이 편할 터이다. 자식을 위해 녹슨 양철지붕처럼 삭아가는 여인들이 가엾다.

그녀의 가는 길에 동반자가 될 환한 등불 하나 나타났으면 좋겠다.

옻나무

내 몸이 가벼워 날 것 같습니다. 이제 나도 창공을 향해 숨 한번 크게 내쉬어 봅니다. 짓눌렸던 혈관이 열리고 굽었던 허리가 쭈욱 펴집니다. 수년간 나를 짓누르고 있던 고사목둥치에서 벗어날 줄은 꿈에도 몰랐습니다. 평생 누운 채 불구로 살아갈 줄 알았는데 이 무슨 기적입니까.

산들바람 부는 가을엔 만산홍엽을 채우는 일등공신도 될 수 있고, 날씬한 몸매로 밤하늘에 달과 별을 사모해도 부끄럽지 않을 것 같습니다. 나만큼 가을 산을 선홍빛으로 물들이는 나무도 흔치 않습니다. 이젠 추적추적 비가 내려도 몸이 썩을 염려가 없습니다. 수직으로 선 몸이야 젖은들 걱정이며 잎에 묻은 빗방울쯤이야 툴툴 털면 되지요. 옥엽 같은 이파리 달고 의연하게 견딜 수 있습니다.

나는 사람들이 싫어하는 옻나무입니다. 오래전, 썩은 소나무둥치가 태풍에 쓰러지면서 나를 덮쳤습니다. 하루아침에 육중한 고사목에 깔린 채 고난의 세월을 보내야 했습니다. 사람만이 나를 구할 수 있기에 인기척만 나면 구조요청을 보냈지만 번번이 외면하더군요. 교감이 생겨야만 나를 구해줄 텐데 그런 사람이 없었습니다. 간혹 안타깝게 보는 이가 있었지만 옻이 오를까 봐 못 본 척했습니다.

내 운명이 이렇게 풀리게 된 건 우연이 아닙니다. 해가 뜨려면 여명이 비치듯, 모든 일에는 조짐이 보이는 게지요. 약 한 달 전부터 혼자서 등산을 오기 시작한 아주머니를 보자 왠지 나를 살려 줄 것 같은 예감이 들었습니다. 원래 혼자 다니는 사람은 사물이 눈에 들어온다잖아요. 조용조용 다니기에 더욱 기대를 했지요. 지성이면 감천이라고 아주머니의 마음에 안기길 애타게 기도했습니다.

그러나 운동을 하지 않던 사람이 갑자기 새벽등반을 하는 건 무리였던지 나 같은 건 안중에도 없었습니다. 제 몸 가누기도 힘든 사람이 사물을 살필 여유가 어디 있겠습니까. 하루는 땀을 척척 흘리면서 올라오더니 심장에 과부화가 걸렸는지 나무 밑에 스르르 주저앉더군요. 잠깐이지만 인사불성이었습니다. 하마터면 저승으로 갈 뻔했는데, 아니 내 옆에서 하루 정도 싸늘히 굳어 갈 뻔했는데 의지력이 강한 건지 못다 한 일이 많아서인지 정신을 차리더군요. 그리고는 하산 할 줄 알았는데 또 다시 정상을 향하는 걸 보며 참 억척스럽다고 생각했습니다. 나도 그런 끈기로 지내다 보면 좋은 일이 있을 것만 같았습니다.

산들바람이 일기 시작하는 시월로 접어들자 산을 타는 아주머니의 기력도 제법 좋아졌습니다. 단숨에 정상까지 오르기도 하고 어떤 날은 두 번씩 오르내리는 여유도 보이더군요. 그제야 나무 밑에서 봉긋하게 돋는 버섯도 살피고 군데군데 썩어가는 고사목을 치워야 한다고 중얼거리고 다니더군요.

내 운명이 거듭나던 날 아침은 유난히도 날씨가 쾌청했습니다. 청설모 한 마리가 상수리나무에 올라가 조찬준비에 분주하던 참이었습니다. 고것들이 후드득 떨어뜨리는 열매를 보다가 짓눌린 나에게 시선이 꽂힐 줄이야! 찌르르 온몸에 전율이 흘렀습니다. 뜨거운 눈빛이 닿는 순간 '이제야 살았구나.' 안도의 숨결이 터져 나왔습니다. 나를 사람처럼 보아주는 찰나였습니다. 내가 소나무인지 옻나무인지 분별도 하지 않고 허겁지겁 고사목을 들어내느라 애를 쓰더군요. 가지 하나도 다칠까봐 조심조심 다루며 그 지긋지긋한 형틀을 벗겨 주더군요. 그리고는 휘어진 허리가 펴지기를 애타게 바라보고 있었습니다. 한참 뒤에야 내가 옻나무인 걸 알고는 잠시 놀란 듯하더니 그냥 대수롭잖게 넘어가주었습니다. 설마 좋은 일 했는데 괴롭히겠느냐는 눈치였습니다. 예민한 사람은 내 곁을 스치기만 해도 알레르기 반응을 보이지만 덤벙덤벙한 사람에겐 진액을 묻히지 않는 한 가려움을 주지는 않습니다.

그 이후부터 나와 아주머니는 안 보면 못 견딜 사이가 되었습니다. 그 전에는 아랫길로 다니기도 했지만 이젠 꼭 이 길로만 다닙니다. 날마다 내 허리가 펴진 각도를 살피며 관심을 보여서 얼마나 살맛이 나는지요. 관심은 생명을 소생시키는 명약이더군요. 산 정상을 넘으면 여러 가지 운동기구들이 있는 모양입니다. 뱃살을 빼느라 윗몸일으키기와 훌라후프를 수없이 돌린 뒤 터벅터벅 내려오는 모습을 볼 때면 물 한 잔 내밀고 싶지만 그럴 수 없는 내 처지가 미안할 따름입니다.

아주머니는 약수터에서 목을 축인 뒤 환담을 나누는 노인들을 뒤로 한 채 홀로 집을 향합니다. 사람이 싫어서가 아니고 글감을 찾으려고 혼자 다니는 듯합니다. 울타리를 덮은 넉넉한 호박넝쿨에 눈길을 주다가 풋호박에 침을 삼키기도 하고, 조각보처럼 펼쳐진 채마밭을 넘보며 넋을 놓기도 합니다. 하지만 분묘이장을 한 공터를 지나칠 때면 저만치 에둘러 가더군요. 망자의 혼백이 머물던 자리에서 깊은 글감이 낚일 법도 한데 음습하고 미천한 곳에서 대어가 낚인다는 걸 아직은 모르는 듯합니다. 아직은 계곡에서 솔솔 흘러내리는 개울물에 빨래하고 싶어 하는 아낙으로만 보입니다.

아무튼 글을 쓰는 사람으로 인해 불구를 면하게 된 나는 문인이라면 무조건 좋은 느낌을 가질 겁니다. 모든 사물을 사람처럼 의인화시켜 보려는 마음 때문이지요. 그런 마음을 가지면 사물을 함부로 다룰 수 없는데, 그건 바로 자연을 보전시키는 길이 되거든요. 자연을 아끼는 마음이면 사람은 더더욱 귀하게 여길 터, 그러고 보면 글을 쓰는 사람이 많을수록 사회가 따뜻해지겠다는 생각도 해봅니다. 과학이 편리를 추구한다면 문학은 인간다움을 추구하는 것이지요. 요즘 아주머니의 작은 바람은 내가 불구를 면하고 다른 나무들과 어울려 밝게 커가는 모습을 보는 것입니다.

숲 속에 동살이 잡힙니다. 잠이 깬 박새 한 마리가 내 가지에 날아와 꽁지깃을 까불댑니다. 누워있을 땐 얼씬도 않더니 어느새 몸을 앉히는군요. 이젠 나도 제구실을 할 수 있어 존재의 가치를 느낍니다. 진정 행복합니다.

글항아리 앞에서

누구나 자기의 잘못은 알고 있다. 단지 인정하기를 싫어할 뿐이다.

저녁 설거지를 하면서 아홉 시 뉴스를 듣는데 녹차산업을 취재한 기자의 음성이 다분히 고조되어 있다. 녹차의 수요는 늘지 않는데 감귤농장까지 파헤쳐서 녹차밭을 만들어 어쩌자는 거냐고 분개하고 있다. 오늘따라 일면식도 없는 기자의 말이 내 가슴에 꽂힌다. 도둑이 제 발 저린다더니 글맛이나 차茶 맛이나 같은 맥락이란 생각이 들어서이다.

녹차의 여린 새순이 차가 되기까지는 모진 곤혹을 치른다. 뜨거운 무쇠 솥에서 달달 볶이고, 거친 덕석에서 진물이 나도록 멍을 들인다. 골병 든 녹차가 커피만큼 대중화가 되지 못하는 것은 첨가물이 없기 때문이다. 몸에는 이로워도 입이 싫어하면 마시는 횟수가 뜸해진다.

대중을 부담 없이 즐기게 해야 수요가 많은데 그러려면 입의 말씀을 들어야 한다. 커피의 원액은 녹차보다 쓰지만 프림과 설탕을 가미해서 입맛을 사로잡았다. 그래선지 이젠 원두커피의 향기만 맡아도 기분이 좋아진다는 사람이 수없이 많다. 녹차와 수필도 변해야 산다. 한번 맛을 보면 자꾸만 생각나게 할 수는 없을까.

내가 쓰는 수필을 향해 이렇게 기도한다. 끓어오르는 국수 솥에 찬물을 끼얹으면 면발이 '내가 아직 덜 익었구나.' 하고 자숙하는 시간을 갖듯이, 말의 수압이 차오를 때 좀 더 절을 삭이라고 누가 찬물을 끼얹어 주길 바란다. 체험한 글도 콸콸 쏟아내기보다는 체에 걸러 결고운 문장들로 맛깔스럽게 담아내고 싶다.

서점의 풍경 또한 변했으면 한다. 한껏 치장하고 거짓으로 꾸며낸 짜릿한 소설에만 관심두지 말고, 사람의 살 냄새가 풍기고 땀방울에 젖은 수필에도 눈길을 주었으면 좋겠다. 서두가 좋아서 본론까지 쉽게 끌려들게 하고 씹히는 알갱이가 있어 결론까지 고소하게 음미하면서 읽었으면 좋겠다. 가슴이 찡하거나 웃음을 터뜨리는 구절이 있어 다음 글도 입맛을 다시게 했으면 좋겠다.

J 수필가의 글을 무척 좋아한다. 어떤 이는 자신을 너무 드러낸다고 하지만 그렇게 쓸 수 있는 용기에 찬사를 보낸다. 공감하지 못하는 수필은 독자에게 멀어질 뿐이다. 소설은 허구를 인정하기에 자신이 주인공이라도 발뺌할 수 있고, 시는 함축된 시어로 베일을 칠 수도 있지만, 허구를 말하지 않는 수필이야말로 모시적삼 속에 아른거리는 살갗 같아서 더더욱 정감이 간다.

그 작가의 글 속엔 아픔이 배어 있지만 자존심이란 철근이 들어있어 가볍지가 않다. 끓는 감정을 그대로 적으면 독자의 감정에 화상을 입힐까 봐 가슴에서 진하게 달인 뒤 식혀서 쓴 것이다. 교양과 체면으로 두꺼운 포장을 하면 독자가 멀어진다는 것을 알고 글마다 보일락 말락 엷은 가운을 걸친 듯 진솔한 내용들이다.

그녀의 수필집은 구절구절 무릎을 치게 하는 표현들이 많아 캐다만 감자밭같이 미련이 남는다. 간간이 잠이 오지 않는 밤엔 이삭줍기를 하듯 다시 들어가도 초벌갈이에 캐내지 못한 토실한 씨알들을 주울 수 있다. 그의 글은 체험을 들려주지만 천박하지 않고 독자의 가슴에 무지개를 서게 한다. 주제에 따라 새뜻한 겉절이 맛이었다가, 묵은 김치같이 곰삭은 맛을 내기도 하고, 얼음이 동동 뜨는 동치미국물처럼 속을 시원하게 뚫어주기도 해서 수필이야말로 살가운 문학이라고 자부심을 갖게 한다.

작가의 바람이라면 독자가 많아지는 것일 게다. 단 한 명이라도 자신의 글을 몇 번씩 애독하고 있다는 걸 알면 얼마나 흐뭇할지, 나는 그 작가처럼 감칠맛 나는 글 한 편을 언제쯤 풀어낼 수 있을지 마냥 안달을 내고 있다. 그런 재주가 없는 나는 제발 독자들이 읽다가 졸지나 말았으면 싶다. 하지만 나의 글은 멍에 없는 송아지처럼 제멋대로 내달리고 싶어 한다. 맛깔스런 글 한 편을 쓰는 작업이 이렇게 어려운가. 내 글의 일차독자인 아들은 요즘 내가 쓴 수필을 읽어주질 않는다. 가식 없이 순수하게 썼을 땐 흥미롭다며 슬쩍 훔쳐도 보더니 이젠

"어머니의 글도 따분해져 가네요."

한다. 가끔씩 문맥이 맞나 검증을 부탁하면 회사일도 머리 아프다며 귀찮아해서 아들에게조차 거절당한 내 글을 내팽개치고 싶어진다. 태풍의 눈 속에 든 것처럼 멍한 가슴을 쓸어내리지만 내 글이 흔들리고 있다는 걸 알기에 거듭 되새김질만 할 뿐이다.

내 글의 항해에는 목적지가 없다. 표류하는 배의 기수를 인구밀도가 높은 곳으로 갈 것인지, 몇 명의 냉철한 독자를 겨냥해서 빙산 같은 곳으로 갈 것인지 기로를 잡아야 한다. 대중을 향해서 가려면 시원한 청량음료가 되기도 하고, 달콤한 망고 주스도 되었다가, 때로는 가슴을 뜨끈하게 데워주는 쌍화차도 되어야 한다. 그러나 저밀도의 땅으로 가려면 딱딱한 호두껍데기 속의 알갱이처럼 영양가는 충분하되 쉽게 먹지 못하게 무장을 해야 한다. 그런 글은 대중에겐 자장가이면서 소수에겐 연구감이 되기도 한다.

내 안을 살펴보면 글을 쓸 수 있는 지적 자양분이 충분치가 않다. 겨울 지나고 봄의 한가운데서 농익어 한쪽이 썩어가는 호박을 잘라보면 씨앗이 삐죽이 싹을 틔우고 있는데 그게 바로 나의 내면 풍경이 아닐까 싶다. 썩은 틈 사이로 비치는 미약한 빛살에도 싹을 틔우는 호박씨처럼 나는 참 용기도 좋다는 넋두리를 해본다. 지금이라도 때늦은 자양분을 끌어들인다면 끝호박 같은 열매 하나 맺어질는지, 아니면 넝쿨만 넌출거리다 된서리에 시들고 말 것인지.

그것이 궁금하다. 나는 왜 신들린 듯 글을 써야 하는지.

후회

빛바랜 사진첩에서 그 언니와 함께 찍은 사진을 보고 있다. 한복을 곱게 입은 그녀에게 손을 잡힌 내 모습이 잔뜩 얼어붙은 표정이다.

그때 나는 중학교에 갓 입학한 신입생이었다. 우리 교실은 응달진 뒤편에 있었는데 3월에도 냉기가 가득해 오들오들 떨어야 했다. 모든 게 낯선데 교실마저 온기가 없어 2월 병아리처럼 움츠리고 다녔다. 모자를 삐딱하게 눌러쓴 남자선배들과 마주칠 때면 겁이 나서 땅만 보고 다녔다. 그런 분위기 속에서도 앞골 친구들에게 뒤지지 않으려고 쉬는 시간이면 영어단어를 외우곤 했다.

학교행사가 있었던 어느 날 오후, 3학년 언니가 나를 찾는다고 했다. 상급생이 찾으러 왔다는 말에 토끼같이 놀라 일어나 보니 생글생글 웃는 얼굴로 보아 훈계하러 온 낌새는 아닌 것 같았다. 곁으로 다가와 다정하게 손을 잡고는 나를 밖으로 데리고 나갔다. 이유도 모른 채 따라갔더니 교복 깃을 바로 세워주고 어깨를 털어주며 살갑게 대하더니 난데없이 동생이 되어달라고 했다.

남동생만 넷을 둔 탓에 살가운 언니가 필요했지만 의자매를 맺자는 말이 왠지 생뚱맞았다. 상급생인 언니는 나의 정보를 어느 정도 알고 있었겠지만 나는 전혀 아는 게 없었다. 하지만 상급생의 기압이 군기만큼 센 그때 감히 싫다고 거절 할 수도 없었다. 발끝으로 땅만 후벼파고 있는데 팔짱을 끼고는 사진사에게 사진을 찍어달라고 했다. 자매가 된 기념사진이라며. 언니는 그 이후로 우리 교실을 자주 찾아와서 예쁜 액세서리며 학용품을 가져다주어 친구들의 부러움을 한눈에 사곤 했다. 봄 소풍 때면 노란 콩고물을 묻힌 쑥떡 봉지를 안겨주었고, 고전무용연습을 하는 날이면 로션 냄새를 폴폴 풍기며 한복 고름을 매어 주러 오곤 했다.

플라타너스 잎이 을씨년스레 교정을 굴러다니던 어느 가을 날, 플레어 교복치마를 움켜쥐고 쓰레기통을 비우러가던 길이었다. 상급생 언니들이 왁자하게 떠들고 있었다. 조심스레 지나치는데 바람결에 누군가를 왕따시키는 비아냥거림이 들려왔다. 귀를 기울여 들어보니 그 언니를 무시하는 말투였다. 특히 공부 잘하는 언니들이 더 따돌리는 듯했다. 내 눈 높이엔 어른스러워 보이던 언니가 친구들로부터 따돌림을 당하다니. 못 본 척 몸을 피하고 돌아서는데 그녀가 불쌍하면서도 묘한 갈등이 일었다. 자매를 맺어놓은 이음새 부분에서 실밥 터지는 소리가 우두둑 나는 듯했다.

며칠 뒤 나는 같은 마을에 사는 P 언니의 하교시간을 기다렸다. 그녀는 성적이 우수하고 품행이 좋기로 소문난 언니였다. 과외를 마치고 저만치서 걸어오는 P 언니 곁을 다가가 조심스레 말을 붙였다. 그 언니를 왜 그렇게 대하느냐고 했더니 "좀 그렇다."라고 애매하게 말했다. 언니의 친구들이 마뜩잖게 생각하는 건 분명했다. 속없이 너무 털어내는 형이라서 우습게 보였을까.

그 후로 언니가 찾아오는 것도 싫고 선물공세도 귀찮아졌다. 괜히 나까지 언니처럼 보일까 봐 마음속의 주판을 놓았던 셈이다. 내 마음은 변하기 시작했다. 학교에서 인기 있는 언니들이 나를 좋아하면 그쪽으로 마음이 쏠리곤 했다. 사람을 두고 비교하는 건 나쁘다고 생각하면서도 감정은 어쩔 수 없었다. 그 후 언니가 졸업한 뒤 우리의 인연은 서서히 끊어졌다.

언니는 늦게나마 고향의 신설학교에 다닌다는 소문이 들렸고, 몇 년 뒤엔 시집을 간다는 소식도 들려왔다. TV가 혼수품목 1호이던 그때 신랑으로부터 가전제품을 받으며 잘 간다는 얘기들이 후끈하게 들려왔다. 시집을 가서 오순도순 잘 산다는 얘기가 5월의 청보리 냄새같이 풋풋하게 실려 와서 한 번쯤 만나고 싶었다. 너무 완벽한 사람보다는 천진스레 웃어대는 여자가 남자를 편하게 하겠다는 긍정적인 생각까지 들었다.

누구나 성공한 사람에겐 후한 점수를 주는 법이다. 내가 밀어내던 언니의 이미지는 옅어지고 시장기 도는 입안에 고이는 침같이 후회가 슬슬 스며들기 시작했다. 철없이 아픔을 준 게 후회스러워 찾아가려고 했으나 용기가 나지 않아 차일피일 미루었다.

그런데 그 마음씨 고운 언니는 갓 서른에 저세상으로 가버렸다. 그 비보를 듣는 순간 마음의 빚이 수은 덩어리처럼 무겁게 가슴을 눌렀다. 그렇게 일찍 가려고 내게까지 정을 주고 싶었을까. 언니는 갚고 싶을 때 받아주지 않는 영원한 채권자가 되어버렸다.

지금도 그녀가 살던 마을 앞을 지나면 수문을 연 물살 같은 후회가 나를 덮친다.

고목

쓰러질듯한 저 나무도 한때는 건장한 장송이었다. 무성한 그늘 아래로 선선한 바람을 몰아와 낙원을 만들려고 온 힘을 쏟았을 터이다. 두터운 나이테가 쌓여 물기라곤 없는 노송으로 변할 줄이야. 썩은 가지를 잘라낸 그루터기엔 송진이 굳어져 덕지덕지 앉았고, 바람이 불 때마다 뚝뚝 관절 꺾는 소리를 내며 삭정이를 만들고 있다. 땅속의 뿌리가 더 이상 가지를 건사할 여력이 없는가 보다.

올해 여든의 끝자락에서 급물살을 타고 계신 아버지의 모습이다. 고향 면을 통틀어 바깥노인이라곤 몇 분 남지 않아서인지 세우사풍에도 허물어지려는 토담을 보듯 마음이 초조해진다. 친구들이 모두 떠난 빈자리를 메워보려고 멀리 울산시내 노인정까지 원정을 가시더니, 근근이 명을 잇고 계신 노인들의 온기가 삭은 잿불 갇다며 푸념을 하신다. 이러다가 쇠잔해진 아버지도 어디론지 휘영휘영 떠나실 것 같아 마음속에 스산한 바람이 인다. 세상일을 불도저처럼 밀어붙이던 기백을 누가 꺾어버렸는지 요즘 들어 강단 있던 음성마저 힘이 없다. 예전의 후끈했던 열기가 아쉬워 아버지의 식어가는 가슴에 쉼 없이 기름을 부어드리고 싶다.

천지가 꽃 몸살을 앓는 춘삼월. 겨울바람에 몸을 떨던 벚나무가지에도 꽃이 만발했다. 그 꽃만이 노부의 굳은 마음을 말랑하게 녹일 것 같아 아버지를 모시고 벚꽃 마중을 나섰다. 고목에서 꽃이 피듯, 꽃을 찾아나서는 아버지 가슴에도 새잎이 돋아날 수 있다면 얼마나 좋을까. 그러나 아버지는 꽃구경보다는 근교의 서원을 둘러보자신다. 언뜻 노부의 얼굴에 핀 저승꽃과 서원 기왓장 골에 피는 거뭇한 이끼가 반죽되어 원하시는 곳으로 차를 돌렸다. 소싯적에 함께했던 벗들 생각이 나는지, 안색이 봄볕에 발그레하다. 서재의 창호지문 틈으로 새어나오는 묵향이 아버지의 지난 생을 풀어내는 듯 깊은 사념에 잠긴다. 덩달아 옆에 선 나도 아버지가 건너오신 어제의 길을 따라 함께 걷는다.

당신의 기억 속에는 할아버지가 안 계신다. 그 어른은 귀밑에 솜털이 채 벗겨지지 않은 색시에게 천수답 서 마지기와 네 살배기 아들을 맡기고 일찍이 저승길을 떠나셨다. 홀어머니 품에서 자란 아버지의 유년은 가난했다. 보릿고개 때면 푹신한 외가를 찾아 양식을 얻어 왔고, 젊은 엄마를 따라 오십 리 산길을 걸으며 찔레 순을 꺾어 허기를 채우셨다던 분이다. 철없이 외가에 가는 달뜬 아버지와 풀기 없는 할머니의 모습이 활동사진같이 일렁인다. 외가에서 한 포대 식량과 돈을 얻어 오실 땐 묵직한 엽전을 짤랑짤랑 흔들며 정말 부자가 되고 싶었다고.

그것이 바탕이 되어 무슨 일이든 열정적이셨던 아버지는 어떤 사업도 번창하게 일으키는 재주가 있었다. 동네 전답을 차곡차곡 사들이던 젊은 날엔 '참기름 양재기에 삼 년을 돌아도 빠지지 않는다.'던 분이었다. 험난한 세상에 속지 않으려고 정신을 무장하신 덕분이다. 애써 사들인 논에 벼가 찰랑하게 고개를 숙이면 논둑길을 걷는 아버지의 어깨 위엔 신바람이 출렁댔고, 추수가 끝난 가을 달밤엔 곳간 문을 열어놓고 할머니와 함께 희색이 만면하시던 모습이 어제인 듯 선연하다.

어렸을 적에 나는 공부하라는 닦달을 받아본 적이 없다. 공부를 잘해서가 아니라 아버지를 몸서리치게 했던 싸늘한 주검들 때문이다. 대동아전쟁에서 불귀의 객이 될 뻔했던 찰나를 모면하고 와서인지 행운의 시샘이 너무 잔인했다. 해방이 되어 귀국하자마자 젊은 아내와 사별하고, 그것도 모자라 토끼 같은 아이들을 넷씩이나 가슴에 묻었다. 그나마 간신히 하나 남은 여식마저 잃을까봐.

"애야, 건강이 최고다. 학교는 간판만 따면 된다."라며 누누이 일러주셨으니. 백설기에 박힌 콩처럼 다문다문 떠오르는 당부의 말씀들이 한이었다는 걸 이제야 알 것 같다.

서원을 돌아서 나오려니 황사바람 탓인지, 어른의 숨결이 거칠어진다. 장죽에 눌어붙은 담뱃진 같은 액이 노부의 기관지를 막고 있는 모양이다. 가슴에 묻힌 망자들과 살아있으되 간간이 못을 치는 자식들이 애간장을 끓여 성한 장기가 없을 것 같다. 막힌 수도관을 뚫듯 시원한 숨길을 만들어 드릴 수 있다면. 그래서 고목에 다시 새잎이 움튼다면 나는 그 숲에 깃들어 나오고 싶지 않을 것 같다.

돌

기묘한 돌 한 점을 선물 받았다. 제주도의 어느 동굴에서 자라던 종유석인데 생각하는 '로댕'같이 무겁고 침울하다. 꼬부라지면서 흘러내린 형상이 헝클어진 사자머리와 흡사한데, 입양된 아이같이 먼 하늘만 보는 듯하다.

돌이 집에 들어온 후로는 아들의 가슴속에 꼭 저 종유석 같은 응어리 하나를 품고 있다는 생각이 든다. 앞길이 막막했을 때 내면이 꼭 저 모양 저 빛깔이었을 거란 생각이 들어 가슴이 쓰리다. 바위가 수억 년 동안 흘린 마그마가 종유석이 되었듯, 부모도 애간장을 녹이며 공을 들여야만 우뚝한 자식이 나온다고 했다.

십여 년 전, 아들이 전공과 다른 고시공부를 하기 위해 신림동 고시촌으로 갔을 때 나는 마그마가 흐르지 않는 마른 바위 같았다. 정을 치고 망치로 부숴도 물기라곤 없는 돌처럼 내 안은 메말라 있었다.

그러면서 우뚝 솟은 자식 하나 만들어보려고 밤잠 안 자고 일만 했다. 때로는 법규를 어겼다고 무거운 처벌을 받으면서도 끈질기게 해냈다. 모든 것은 노력한 만큼 이루어진다는 지극히 현실적인 사고로 뭉쳐진 채, 영적 세계와의 교감은 전혀 이루어지지 않았다.

아들인들 마음이 편했을까. 나약한 엄마의 뒷바라지를 생각하면 육법전서 두꺼운 책장이 휙휙 넘어가야 하는데 깐깐한 문제들이 얼마나 많은 시간들을 잡고 늘어졌을까. 퍽이나 초조했을 게다. 우리 가게의 실태를 잘 알고 있기에 단속에 걸리지나 않았는지, 불량배들이 행패나 부리지 않는지, 매상이나 넉넉히 오르는지, 늘 불안했을 게다. 공부에 몰두하다가도 만 가지 잡념들이 죽 끓듯 북적거려 마음은 늘 가게에 있었는지도 모른다.

그래서인지 일 년 반 남짓 공부해서 딱 한 번 도전해보더니 포기하고 빨리 집을 일으켜 세우고 싶다고 했다. 그때 아들의 속에 시커먼 응어리가 뭉쳐졌을 터이다. 우리 집이 부유했더라면 몇 년간 마음 편히 공부에 몰두해 볼 터인데 하는 아쉬움을 삼킨 채 겉으론 태연한 척했다.

모든 게 인연 따라 오간다고 저 종유석이 우리 집에 온 건 그때 생긴 아들의 상처를 보여주려는 게 아닐까 싶다. 어머님께서 기도 올리라고 불전을 주시면 나는 그걸로 고기반찬을 해먹였고, 누가 날더러 기도하라면 그런다고 이루어진다면 기도 안 할 사람 없겠다고 했다.

그런 내 안에 엄청난 변화가 일어났다. 생명체라고 볼 수 없는 물이 〈봄의 왈츠〉같이 경쾌한 음악을 들려주면 입자가 아름다워지고, 칼을 내리치면 공포에 질려 험상궂게 변해버리는 놀라운 세포분열을 영상으로 보았다. 산소와 수소의 결합체인 물에도 영혼이 있다니! 물이 어떻게 감미로운 음악에 반응을 일으키는지 불가해한 생각들로 멀미를 일으켰다. 지독히 눈에 보이는 것만 인정하는 형이하학적 사고를 가진 내가 보이지 않는 영적세계를 믿고 굳은 의식이 말랑해지기 시작했다. 이젠 금전적인 뒷바라지는 물 건너갔고 남은 것이라곤 치성뿐이란 생각이 울컥울컥 일어난다.

지금 아들은 렌터카 사업을 한다. 빌려간 차들이 천지팔방으로 질주하는 말 그대로 운수업이다. 내가 도울 수 있는 건 오로지 마음을 모으는 것뿐이다. 한여름에 산중 절을 올라도 더운 줄을 모르고, 등줄기가 흠뻑 젖어도 땀이 흐르는 걸 모른다. 법당에서 오체투지로 부처님께 삼배를 올리고 나면, 그 다음부터는 오로지 자식을 위해 엎드린다. 기복신앙이 불법이 아닌 줄 알지만 자식사랑은 부처님 앞에서도 용서될 것 같아서 절절히 기도 삼매경에 빠져드는 것이다.

세상이 곤히 잠든 새벽 네 시 반이면 자명종이 울린다. 짓눌린 잠 무덤을 들치고 일어나 정신을 가다듬는다. 법복을 갈아입고 향불을 피운 뒤 보문품을 정독한다. 읽다 보면 촛농도 그렁그렁 흘러내리고 향 재도 사르르 주저앉는다. 그리곤 잠자는 아들의 방문 앞에서 숨소리마저 죽이면서 삼배를 한다. 좋은 배필 만나길 소원하면서 일 배, 운수사업에 장애 없길 축원하면서 일 배, 마지막으로 아들의 가슴에 품고 있을 응어리가 녹아지길 갈구하면서 간절히 일 배를 한다. 향을 사른 푸른 연기가 허공에 춤을 춘다.

사랑니

쓸모없는 사랑니 때문에 애꿎은 어금니가 썩는다. 그러나 사랑니도 세상에 나왔으니 흔적은 남기고 갈 터이다.

예식장에 왔다가 황급히 빠져나가는 그녀의 등이 한결 여유로워 보인다. 세파를 겪은 어깨만이 누릴 수 있는 여유로움이다. 남의 자식을 거두는 건 아무나 할 수 있는 게 아니다. 누구의 몸에서 태어났건 인간은 모두 귀하다고 여기는 자만이 할 수 있는 거룩한 일이다. 정작 아이 엄마는 골프장에 갔다는데 그녀가 시앗의 자식 생일을 챙기려고 자리를 뜨자 친구 몇 명이 속없는 짓을 한다고 쑤군댔다. 가던 그녀가 걸음을 돌이켜서 "아이가 무슨 죄가 있나, 그 아이도 불쌍하다."라고 역성을 들며 다시 자리를 빠져나갔다.

그녀의 가정은 건물 임대료를 받으면서 사단이 일어났다. 장바닥에서 시작한 어묵장사 몇 년에 살림이 불같이 일자 그녀의 남편에게 숨어있던 욕망 하나가 꿈틀거리기 시작했다. 남부럽잖게 부도 이루었겠다, 대를 이을 아들만이 간절한 소망이던 그녀의 남편은 2층 커피숍에 집세를 받으러 다니다가 향수 냄새 솔솔 풍기는 얼굴마담과 눈이 맞아버렸다. 그 사실을 주변사람들은 알지만 남편을 태산같이 믿는 그녀에겐 차마 알릴 수 없었던 모양이다. 남편의 그런 꿍꿍이속도 모르고 사업에만 심혈을 기울이다 둘의 사이가 도저히 뗄 수 없을 즈음에야 청천벽력 같은 일을 당하고 있다는 걸 알아차렸다.

분한 마음에 사랑니 같은 여자를 뽑아내려고 수차례 쥐어뜯고 싸웠지만 시앗은 떡두꺼비 같은 아들을 낳아버렸다. 대를 이을 자식을 얻은 남편은 딸만 낳은 본처에게서 더더욱 멀어져갔다. 최후의 보루이던 어른들까지도 손자 낳은 작은며느리에게 정이 쏠려 그녀의 무너진 속을 더욱 허물어지게 했다. 총애를 받는 사랑니의 유세와 횡포는 가관도 아니었다. 그녀가 보는 앞에서 남편의 팔짱을 끼고 손님을 배웅하러 나가질 않나, 젯밥을 담으려고 주걱을 적시면 아들 낳은 여자가 담아야 한다고 팔꿈치로 밀쳐내질 않나. 억장이 무너지고 살이 떨려도 그녀의 편은 아무도 없었다. 단지 힘없는 어린 두 딸만이 눈물을 글썽이며 엄마를 쳐다볼 뿐이었다.

수년이 지난 어느 날, 사랑니의 얄미운 처세를 차곡차곡 모아둔 딸들이 보복의 언도를 휘둘렀다. 사춘기에 접어든 배다른 남동생에게 "너는 첩이라는 말을 알고 있나?"라고 했더니 고개를 끄덕이자 대뜸 송곳으로 찌르듯이 쏘아붙였다. "야, 너희 엄마가 바로 첩이다." 뜨거운 물을 뒤집어씌우듯 한 누나의 말에 아이가 방에 들어가서 펑펑 울면서 나도 큰엄마의 자식이었으면 좋겠다고 넋두리를 하자, 보고 있던 그녀가 아이를 부둥켜안고 달랬다. "이것아, 울지 마라. 호적상은 내가 너의 엄마다." 사랑니의 몸에서 태어난 아들도 마음에 화상을 크게 입었고 그 상처는 오래도록 아물지 않을 터이다.

사랑니를 증오하지 말자고 뼈를 깍듯 닦달한 탓이었을까, 그녀에게 병마가 찾아들었다. 당뇨와 고혈압, 골다공증까지 먹는 약만 몇 가지다. 젊은 날 시장바닥에서 고무 함지박에 아기를 담아두고 어묵장사를 해서 큰 기업체를 만든 그녀의 육신이 반기를 든 것이다. 그러기까지는 엄청난 고생도 많이 했다. 싱싱한 생선을 사기 위해 새벽 네 시부터 자갈치시장으로 달려갔고 진종일 뙤약볕 아래에서 어묵을 팔았다. 팔다 남은 어묵을 동네마다 이고 다니다 개에게 쫓겨 혼비백산한 일들도 지병의 원인이겠지만 무엇보다 고저리가 생긴 건 남편을 빼앗은 사랑니 때문이다.

더욱 가관인 것은 그녀의 남편에게 사랑니가 자꾸 돋아나는 것이다. 하루는 마음을 가라앉힐 겸 산사로 향하다가 길섶에서 그녀가 남편 차를 발견했다. 살금살금 곁으로 가서 차창을 들여다봤더니 또 다른 여자가 타고 있었다니. 이웃에 사는 여자였단다. 이미 허물어질 대로 허물어진 그녀의 속에선 헛웃음만 나왔다. 그 이후부터는 본처는 뒷전이고 사랑니 1호와 2호의 살벌한 격투전이 벌어졌다.

사랑니가 아무리 사랑스러워도 본처만 하겠는가. 그녀는 격랑의 물굽이를 타면서도 자리만은 굳게 지키고 있었다. 갈등이 죽 끓듯이 북적거려도 참고 지냈더니 드디어 힘이 몽땅 소진된 로맨스그레이가 그녀에게로 돌아왔다. 본처가 불보살처럼 자비롭다는 걸 이제야 깨달은 모양이다.

그녀는 오늘도 모임을 마치고 서둘러 집에 들어갔다. 지금쯤 미국에서 공부하는 아들에게 보내려고 반찬을 만들고 있을 터이다. 아침 바람에 시장에서 만났더니 찬거리를 잔뜩 사들고 "우리 아들에게 반찬해서 보낸다."라고 말했었다. 여자의 본능으로 시기 질투는 했지만, 시앗의 아들을 친자식처럼 돌보는 후덕한 그녀에게 나는 군자란이란 별호를 붙여주었다.

사랑니가 한때 쓸모 있다면, 어금니는 평생토록 쓸모 있는 터줏대감이다.

집장 맛

저항하지 말고 처연히 숙성해달라는 기도일까. 팔팔한 푸성귀에 소금을 뿌린 뒤 잠시 침묵이 흐른다. 싱싱한 때도 잠깐이다. 제 맛이 최고란 걸 버려라. 가시도 성깔도 죽이고 서로 얼싸안고 푹 삭아야 제 맛이 난다니.

손맛 좋기로 소문난 산골 할머니에게 집장 담는 법을 배웠다. 무, 가지, 오이, 호박, 고추, 시래기 등 갖가지 채소들을 듬성듬성 썰어 간을 치고, 곱게 빻은 메줏가루와 고춧가루는 찰밥에 버무린다. 항아리에 내용물을 담고 깨끗한 한지를 덮어 빈틈없이 풀을 바른다.

손은 거칠고 투박하지만 섬세한 몸짓이 장인다운 모습이다. 행여 바람이라도 들세라 꾹꾹 누르고 꽁꽁 싸매는 솜씨가 예사롭지가 않다. 서로 어울려 삭기 전에는 절대 뚜껑을 열지 않겠다는 기세로 온돌방 아랫목에 헌 이불을 덮어씌운다.

'예전엔 아무리 밥맛 없는 여름철에도 집장 한 보시기만 올리면 도망간 밥맛이 돌아왔지.'

내 고향은 지형이 오목한 항아리를 닮았다. 그 속에서 우리는 푹 삭은 장맛처럼 서로 어울리는 미덕을 배우며 자랐다. 특출하게 뛰어난 사람도, 지지리 못난 사람도 없는 동급생끼리 결을 삭히며 순하게 커왔다고나 할까. 학교에서 먹는 도시락반찬은 너나없이 곰삭은 장독에 푹 박아두었던 무장아찌나 콩잎장아찌가 대부분이었다.

소박한 장맛에 길들여진 친구들은 만나면 반갑고 무작정 즐거웠다. 성격이 유별난 친구가 간혹 있다 한들 서로 묻어주고 달래며 탈 없이 자랐다. 지금도 경조사를 서로 찾아다니며 정을 나눈다. 누구네 결혼식이 끝나면 이구동성으로 고향 선후배가 운영하는 식당을 찾는 것이 관례였다. 그렇게 애향심을 발휘하던 친구들이 미덥고 자랑스러웠는데……. 집장을 먹어본 지 오래되어서일까.

지난 일요일에 고향친구의 딸 결혼식이 있었다. 예나 다름없이 동기들이 모두 모였고, 혼주가 주는 금일봉으로 점심을 먹게 되었다. 한데 문제가 생겼다. 오리고기 식당을 운영하는 친구 K네 가게로 가자는 쪽과, 우리가 먹고 싶은 횟집으로 가자는 주장이 팽팽하게 맞서고 있었다.

나 역시 느끼한 오리고기보다 동해바다에서 건져 올린 싱싱한 가자미회가 먹고 싶었다. 하지만 불경기에 어렵게 식당을 꾸려가는 친구를 앞에 두고 그럴 수가 없었다. 한사코 싫다는 친구들을 휴게실로 데려가 설득하고 달래봤지만 막무가내였다. 나이가 들수록 정도 고향의 장맛처럼 폭 삭을 줄 알았는데 아니다. 오히려 자기주장이 강해지고 고집만 늘었다. 결국 두 편으로 갈라져 점심을 먹었는데 식사하는 내내 기분이 씁쓸했다.

우리가 즐겨먹는 된장에는 오심이 들어있다고 한다. 다른 재료의 맛을 돋우면서 제 맛도 잃지 않는 단심, 아무리 오래 되어도 그 맛을 잃지 않는 항심, 비린내와 기름기가 없는 불심, 매운 맛을 부드럽게 다스려주는 선심, 어떤 요리와도 잘 어울리는 화심이 함께 배어있단다. 음식이 성격을 좌우한다면 변해가는 친구들의 마음도 음식 탓은 아닐까.

요즘은 오래 삭히고 발효하는 음식보다 즉석으로 먹는 양식과 인스턴트식품에 길들여지고 있다. 산촌 할머니가 가르쳐준 집장을 보면 싱싱한 야채와 메줏가루와 고춧가루가 잘 삭아야 제 맛이 난다고 했다. 서로 제 잘났다고 우기고 삭지 않으면 장이 아니다. 감싸 안고 함께 어울리는 미덕을 장맛에서 배워야 할 것 같다.

올봄엔 감칠맛 나는 집장을 담아 친구들을 불러야겠다.

게발선인장

오래전, 어느 식당에 갔을 때다. 현관 입구에서 게발선인장이 꽃을 흐드러지게 피워 눈길을 끌었다. 어찌나 탐스럽던지 집으로 오는 길에 화원에 들러 몇 포기를 사왔다. 개펄에 슬슬 기는 바닷게의 발처럼 뻗어나간 모양새가 발복하는 형상이라 게발이라 부르는가 보다.

그 식당의 선인장처럼 진분홍 꽃봉오리를 푸지게 피워 볼 요량으로 정성껏 심었다. 햇볕 따사로운 베란다에 두고 창문을 여닫으며 우유팩도 씻어 먹이고, 쌀뜨물도 받아 먹이면서 정성을 들였다. 자식 키우듯 애지중지했지만 우리 게발선인장은 내 뜻대로 자라주질 않았다.

어언 칠 년이 지나도 자라기는커녕 비루먹은 닭꽁지 같아서 나를 지치게 한다. 조급증이 나서 화원에서 잘 자란 것을 사오고 싶었지만 식물에게 소외감을 주기는 싫었다. 자라지 못하는 선인장의 아픔은

헤아릴 줄 모르고 슈퍼에 갈 때마다 우리 집 선인장은 자라지 않는다고 푸념을 늘어놓았다. 풍성하고 화려한 선인장꽃을 부러워하는 내가 답답하게 보였던지 자기네 것을 키워보라며 튼실한 것을 몇 포기 뽑아 주었다.

'나도 이제 너희들에게 지쳐서 잘 크는 게발선인장을 키우겠다.'며 옆에 바짝 붙여두고 눈만 뜨면 들여다보았다. 그러길 보름이 지났지만 얻어온 게발선인장만 참기름을 바른 듯 반질거리고, 원래의 것은 젖배 곯은 아이처럼 배틀하게 힘이 없었다. 변함없는 그 턱을 벗어나지 못하는 식물이 미워서 돌멩이도 칠 년을 키우면 너희들보다는 많이 자랐을 거라고 타박을 했다. 하지만 미운 건 결코 아니었다. 일을 마치고 들어오면 그 게발선인장을 쓰다듬어야만 잠자리에 들 수 있었다.

식물도 집요한 사랑을 받으면 보은을 하는 걸까. 모종을 사다 심은 지 칠 년이 지난 어느 한겨울에 그토록 세포분열을 하지 않던 게발선인장에서 발긋발긋한 새잎이 터져 나오는 게 아닌가! 사람이나 식물이나 정을 빼앗기는 건 용납할 수 없는가 보다. 굴러 들어온 돌이 박힌 돌을 뺀다더니 이제부터 정신 차리지 않으면 주인의 정을 몽땅 빼앗기겠다는 예감을 받았는가 싶었다. 그때부터 식물 앞이지만 말조심을 하고 변함없는 눈길을 주었더니 올여름은 짙푸르게 잎이 우거져 매미소리라도 들릴 것만 같다. 오늘 아침 변해가는 게발선인장에 물을 주면서 속 썩이던 화초가 문득 나였다는 생각이 언뜻 스쳐갔다.

오래전 친정에 갔을 때였다. 새어머니는 외동딸은 허전하다고 양딸을 한 명 삼았노라고 실토를 하셨다. 그 말을 듣는 순간 나에게서 못 채우는 허전함을 양딸을 삼아서라도 채우고 싶었는가 생각이 들어 마음 한구석에 휑한 바람이 일었다. 친정에 행사가 있을 때마다 양딸은 내가 설 자리를 야금야금 갉아먹는 것 같았다. 저승 문이 활짝 열린다는 백중날이 할머니의 기일이다. 강보에서부터 할머니 손에서 자란 나는 뒷전에 서 있고, 새로운 양딸 부부가 제주잔을 올리는 걸 보자 내 친정이 아닌 것 같았다. 아버지 생신일에도 그들 내외는 옷가지를 사 와서 자상한 손길로 입혀드리며 날 무안케 만들었다. 얄팍한 봉투나 불쑥 내미는 나에게 보란 듯이 어깨를 털어드리며 살갑게 정을 붙이고 있었다.

일순 자라지 못하는 게발선인장에게 던진 원망이 나에게 고스란히 꽂히는 것 같았다. 혈육의 정도 변할 수 있다는 생각이 들면서 나는 외로운 섬으로 변해갔다. 반질거리는 화초 잎에 쏠렸던 내 마음처럼 부모님의 마음도 흔들릴 것 같았다. 부모님은 냇가에 꽂아두어도 잘 자라는 버드나무 가지처럼 말썽 없이 살아주길 원했을 터이다. 자라지 않는 식물을 칠 년 동안 들여다보며 갑갑하던 마음만큼 못마땅하셨던가보다. 정성을 들여 앉혀준 자리가 아닌가. 후끈하게 자랑은 못해도 평범하게 살아가는 딸의 모습을 원하셨을 터이다.

갯바위처럼 세파에 부딪치던 내 안에도 게발선인장 속에 숨어있던 오기의 싹 하나는 키우고 싶었다. 바위틈을 뚫고 자라는 석간송처럼 끈질기게 세상과 화해하고 잔발까지 내려야 한다. 정체된 미움의 세월에서 짙푸르게 발돋움하는 게발선인장과 나는 같은 아픔의 동반자이다. 어쩌면 내가 슈퍼에서 게발선인장을 얻어온 것처럼 침체되어 있는 나를 일어서게 하려고 수양딸을 맺었는가 싶은 생각이 들기도 했다.

게발선인장이 솔숲처럼 더 무성해지면 내 마음속에도 녹음이 우거질 것이다. 양딸을 마음에 두고 계셔도 넓은 품을 만들어 함께 안아 드리고 싶다. 짜박거릴 때부터 쏟은 정성을 모르쇠 하면 훗날 후회할 것 같아서다.

회자정리會者定離

법정스님은 모든 생명체는 죽음을 사과 속의 씨앗처럼 품고 산다고 했다. 인연법에 따라 덧없는 구름처럼 만나고 헤어지므로 삶에 집착을 말라는 말씀이다. 면벽을 하고 앉은 수도승들은 텅 빈 공간마저도 오래 머물면 정이 든다고 한 철 살고 훌쩍 떠나버린다. 물건도 오래 지니다 보면 정이 들지 않던가. 이별의 아픔을 겪지 않으려면 애착이 붙기 전에 떠나는 게 최선책인지도 모른다.

노래연습장에서 자판기를 사용하다가 반납할 때였다. 드는 정은 몰라도 나는 정은 안다고 감정교합이 이루어질 수 없는 기계에도 끈끈한 정이 묻어있었다. 영업을 마치면 칠흑 같은 공간에서 혼자 남아 가게를 지켰고, 새 날을 맞아 문을 열면 '밤새 별일 없었어요.' 하는 듯이 불을 빤히 밝힌 채 반기곤 했다. 어느 날은 경찰 단속반이 들이 닥쳐 혹시 그 안에 캔 맥주라도 숨겼나 해서 간첩 잡듯이 뒤졌지만 철벽 속에 맥주를 꽉 보듬어 안고는 속을 보여주지 않았다. 만약 물증이 잡히면 영업정지는 물론이고 벌금까지 물어야 하기에 새가슴을 졸이는데 천만 다행으로 나를 살려준 자판기였다. 그 기계를 반납할 때 인부들에게 다치지 않게 해달라고 당부하면서 나도 함께 들고 나갔다. 마치 날카로운 수사관의 닦달에도 비밀을 폭로하지 않는 사람처럼 미덥고 고마운 자판기를 떠나보낸 빈자리가 어찌나 허전하던지 오후 내내 걸레질만 했다.

타던 차를 남에게 보낼 때도 그랬다. 막상 남의 손에 넘기려니 어찌나 서운하던지 이 핑계 저 핑계를 대며 며칠 간 뭉그적거렸다. 작은 차지만 내가 가고 싶은 곳이면 어디건 달려 주었고, 때론 볼 품 없어 속을 끓이면 '주인님 신분엔 이 차가 맞거든요.' 하면서 명랑열차처럼 달려 주곤 했다. 호텔 예식장에 갔을 때 작은 차라고 구석진 곳으로 밀려나기도 했고, 새벽에 퇴근해서 지하주차장 벽 쪽에 따개비처럼 붙여놓고 돌아서면 큰 차가 슬쩍 건드릴 것 같아 몇 번이고 돌아보곤 했다. 정이란 평소엔 무심하게 숨어 있다가도 떠나려면 허리를 휘휘 감고 놓아 주지 않는 속성이 있다. 마치 본처 등살에 애첩을 보낸 남자의 심정처럼 갈팡질팡 마음을 휘저어 놓는다.

기계를 보내면서도 그러한데 하물며 주인을 알아보는 가축을 보낼 땐 가슴이 내려앉는다. 할머니는 소를 팔러 가던 날 아침에 김이 술술 올라오는 구유 앞에서

"고생 많았데이, 여물이라도 많이 묵고 가거래이."

하지만 새끼를 두고 떠나는 소가 여물이 넘어가겠는가. 말을 못할 뿐, 눈치는 뻔해서 사람의 오장육부를 뒤집어 놓았다. 할머니는 그런 와중에도 나무주걱으로 엉덩이를 철썩 때리며 비싼 값에 팔리라는 처방을 했지만 서운함을 감추지 못해 안절부절못하셨다. 송아지도 울고 어미 소도 통곡하던 그날이 잊히질 않는다.

나 또한 객지에 있는 아들이 왔다 갈 때면 마음속에 보褓만 북통같이 쌌다. 이것저것 다 보내고 싶지만 기숙사에선 먹어지지도 않는다며 달랑 가방 하나 들고 터미널 안으로 들어가는 모습을 보면 손에 쥔 새를 놓친 것처럼 허전했다. 그렇게 보낸 아이가 몇 시간도 되지 않아 엄마가 해준 국수가 먹고 싶다며 전화가 올 때면 서울로 이사를 가고 싶어진다. 살아 있는 자식을 보내고도 이렇게 허전한데 가슴에 묻은 자식을 둔 어미의 가슴은 수마가 휩쓴 강바닥처럼 깊이 파여 상처가 아물지 않는다. 바람만 건듯 불어도 몸서리치는 아픔이 되살아나 가슴에 진물이 흘러내린다. 속인에게 집착을 버리고 마음을 비우라는 말은 힘든 일이다. 만나면 헤어진다는 필연을 언제쯤 담담히 받아들일 수 있을까.

5

비손

규화목

겨울 강변에서

물 위의 사람들

마두금馬頭琴

적산가옥

청주 세미나

동백

일심동체

환원

비손

우주만물에는 모두 혼이 있다고 생각하는 사람들이 있다. 북방민족의 종교인 샤머니즘들이다. 선진국에서 보면 원시적인 수준이라고 웃을지도 모르지만 그들은 지금도 새 차를 사거나 개업을 하면 반드시 고사를 지낸다. 최첨단산업인 소프트웨어 회사도 개업하기 전에 무속인을 불러 푸닥거리를 하고 소금자루를 문 앞에 두고 한 달 내내 밟고 다녔다고 한다.

한겨울의 혼불 문학관은 설경에 잠겨있다. 순백의 도색이 적막에 갇힌 견공을 외롭게 했는지 온몸을 눈밭에 굴려대며 반가워한다. 충직한 개의 본성을 보며 작가의 내실로 들어섰다. 대작을 남긴 원고뭉치만 주인을 대변하듯 놓여있고, 소설속의 배경들은 조형물로 장식되어 있다.

달을 신봉해 생명을 잉태하려는 '효원'의 비손하는 자태 앞에 발걸음이 머문다. 푸르스름한 달빛 아래 복부를 내민 부인의 몸짓이 간절하다 못해 처절하다. 순간 우주를 안을 만큼 큰 원을 그리는 여인의 몸체 위에 또 다른 기운 하나가 자리 잡는다. 험한 세상 살아내시던 조모의 환영이다. 조모께서는 암울한 시대를 홀로 이겨내신 탓에 토속신에 의지하셨다. 마을 근처의 신령한 바위나 고목 앞에 비손하면 한결 마음이 놓인다고 했다.

할머니는 감나무 꼭대기에 까치밥이 얼어붙고 계곡에 고드름이 부풀면 함지박에 소지종이와 과일을 챙겨 담고 집을 나섰다. 과일이라야 깊은 단지에 갈무리해 둔 홍시 몇 개와 쪼그라든 사과, 배 정도였는데 나는 그 낚싯밥에 끌려 할머니를 졸졸 따라다니곤 했다. 큰 바위 밑에서 간소한 제물을 차려놓고 도와달라고 일심으로 비셨는데 간절히 소원하시는 걸 듣노라면 처연하기까지 했다.

할머니는 가족이 심한 몸살만 앓아도 공징이 점쟁이를 데려와 푸닥거리를 했다. 백설기를 찌고 간단한 제물을 차린 뒤 기어코 비손을 하고야 만다. 그렇게 하고 나면 결과는 항상 할머니의 승리였다. 거짓말같이 이부자리를 털고 일어날 수 있었는데 조상신의 보살핌이라고 더 깊이 경배를 하신다. 가족 중에 누가 식중독만 걸려도 바가지에 물을 떠와선 칼로 귀신을 물리친다고 엄포를 놓으며 우릴 엎드리게 했다. 곡식을 거두어들인 늦가을에도 필히 집안 터주를 달래는 안택을 했다. 그건 할머니의 불안을 떨쳐내는 방편이어서 어쩔 수 없었다. 당신이 기대던 마음의 언덕을 샤머니즘이라고 홀대할 순 없었다.

정월보름날도, 바람을 올려 보내는 이월 영동에도 어둑한 새벽부터 당목 수건을 쓰고 앉은 할머니의 비손은 아침햇살이 비쳐야 끝을 내곤 했다. 서리 내린 마당에 앉아 일심으로 비손 하시는 걸 보면 가족의 무탈함이 할머니 덕인가 싶었고 모든 일이 순조로이 풀릴 것만 같았다. 밥주발이 기울도록 오곡밥을 담고, 지느러미도 손대지 않은 조기 두세 마리와 소담스런 나물접시, 온장으로 구운 김, 그리고 설에 남겨 둔 강정과 귀밝이술을 흩뿌리면서 지극정성으로 비셨다. 옆에서 들어보면 아버지를 위한 축원이 대부분이었다. 그 다음이 손자손녀들에게 총기를 달라고 빌었으며 일꾼과 축생들까지도 부탁하면서 당신을 위한 기도는 전혀 언급이 없었다. "늙은 나는 집안만 편하면 다 묻혀 넘어가니라." 하고 일축하셨다.

비손이 마무리가 되고 나서야 보름밥을 먹을 수 있었지만 아무도 배고프다고 불평을 하지 않는다. 미신을 섬긴다고 못마땅하게 생각하시는 아버지마저도 치성을 드리는 분위기엔 눈을 감아야 했다. 미신이건 말건 잘되라고 비는 앞에 타박할 사람은 아무도 없을 터이다.

보름날 아침은 오곡을 풍성하게 거두어들이길 축원하는 시간이므로 딸애들은 먼저 남의 집에 가지 않도록 엄명을 받는다. 그런 말은 짐작으로 알아듣곤 한다. 어렸지만 여자를 비하시키는 말은 듣기 싫어서 진종일 집안에 머물다가 달집을 짓는 저녁 무렵에야 뒷산으로 달맞이를 가곤 했다. 아낙네들은 운무가 자욱이 낀 울산 앞바다를 보며 제 각기 소원을 빌기 시작한다. 자식들이 잘되길 비는 사람, 남편의 병이 쾌유快癒하길 비는 사람, 논을 사게 해달라는 사람 등등 소원은 여러 가지다. 달을 보고 중언부언 빌고 내려오는 부인네들의 얼굴엔 자신감이 가득했다.

요즘 가끔씩 비손 할 줄 모르는 내가 삭막하다는 생각이 들곤 한다. 과학의 해명으로 달 속의 계수나무가 찍혀버린 지금이지만 달을 향해 경배하는 순한 여자이고 싶다. 간절한 염원을 우주에 날려 보내는 어수룩한 사람이고 싶고, 내 가슴에 판화가 된 할머니처럼 순수하고 싶다. 환하게 떠오르는 섣달 열이레 달이 나를 쏘아 본다. 특출한 능력도 없으면서 아집만 가진 여자라고 가소롭게 보는 건 아닐까.

규화목

심안으로 보게나. 고난 속에서 세월을 버티는 나무들을 보면 수많은 내공이 어른거릴 거야. 알다시피 제주는 아픔이 많은 섬이지. 천 년 전 불덩어리를 내뿜었던 화산에서 떨어진 땅이지 않는가. 수 세기에 걸쳐 거친 돌을 골라내고 땅을 파헤쳐서 이제 간신히 기름진 옥토가 되었다.

그러나 4 · 3사건 때 또 한 번 천지가 개벽하는 비극이 있었지. 그 아픈 역사를 대변하듯 내가 선 이 분재원엔 기이한 나무와 석물들이 모여 있어 인간사를 돌아보게 한다네. 일명 '생각하는 정원'이라네. 우리를 이곳에 모아둔 주인은 심중이 아주 깊은 분인 성싶어. 아마도 4 · 3사건을 겪은 제주도민들을 위로하려는 취지로 만들었다고 봐도 과언은 아닐 거야. 생때같은 목숨들을 무참히 살해한 원한을 무엇으로 보상받을 수 있겠나. 또 섬 전체를 불살라 버리겠다고 엄포를 놓던 분함을 어찌 잊을 수 있겠나. 어떤 말로도 위로 받을 수 없을 때면 자연 속에 묻히는 게 인간의 속성이지. '생각하는 정원' 속엔 허리가 휘고 가지가 뒤틀리며 뿌리가 송두리째 드러나도 끈기 하나로 세월을 이겨내는 강인한 기운이 가득하다네. 자고로 뒤틀린 운명을 처연히 받아내는 자연만큼 위대한 스승은 없다고 했지.

한데 하필이면 내 앞에서 발걸음을 떼지 못하는구나. 형상은 나무인데 육질은 금강석같이 강한 규산덩어리를 보고 놀랄 수밖에. 혼을 빼앗긴 너에게 나의 영성을 접목시켜 규화된 내력을 들려주마. 선불리 듣지 말게나.

난, 몇 억 년 전에 밀림에서 살던 원시림이야. 숲 속에서도 추앙받았던 우람한 거목이었지. 하지만 천재지변은 피할 수 없더군. 어느 날 갑자기 대륙의 판이 체를 치듯 흔들어대더니 삽시간에 땅이 쩍 갈라지더군. 난들 별 수 있나, 수십 리 땅속으로 곤두박질치면서 묻혀 버렸지. 생으로 매장된 참담한 순간을 어떻게 표현해야 실감이 나겠나. 땅을 뚫고 나갈 수 없는 그 참담한 심정은 당하지 않은 사람에겐 말할 수 없어. 하필이면 질퍽한 물속이었어. 지상으로 나가려고 아무리 몸부림을 쳐도 소용없었어. 호랑이에게 물려가도 정신만 차리면 산다고 질식해서 까무러치는 순간에도 퍼뜩 생각나는 게 있더군. 피할 수 없으면 즐겨야 한다는 것. 난 그 말을 받아들이기로 했어. 나의 미끈한 몸매에 광물질이 스며든다면 타의 추종을 불허하는 견고한 몸이 될 수 있다고 긴급한 판단을 했지.

천만다행으로 지하의 물속엔 규산이 많더군. 전혀 맛이 다른 광물

질과의 융합을 결심하자 세포들이 난세를 알아차리고 스펀지처럼 규산을 쭉쭉 빨아들이더군. 마음을 고쳐먹으면 운명이 달라진다고 목질이던 내 몸이 금강석 같은 체력으로 규화되고 있었어. 나무와 규산이 부둥켜안아 탄생한 것이 지금의 나! 규. 화. 목이야. 나를 바라보는 사람들마다 넋을 놓고 중얼거리더군. 가슴이 먹먹하다고.

지금의 나는 어떤 난세에도 흔들림이 없어. 하늘 높은 줄 모르고 키를 뽑아 올리던 그때의 내 몸은 톱질을 하면 가뭇없이 쓰러질 수밖에 없었지만 지금은 다이아몬드처럼 강해졌지. 전기톱을 들이대고 정과 망치로 쪼아도 눈도 깜짝하지 않아. 돌이켜보면 난 참 지혜로웠어. 자아를 버리지 않았더라면 고귀한 규화목으로 거듭날 수 없었어.

엄청난 참변을 당하고도 굳건히 살아가는 제주도민들을 보면 동병상련의 아픔을 느끼지. 멸이 곧 생이란 걸 터득한 듯해. 그때 남과 북의 지도자들이 자본주의와 공산주의의 좋은 점을 융합해서 통치했더라면 아까운 생목숨들을 매장하지 않았을 텐데……. 그랬더라면 지금쯤 지상낙원을 만들었을지도 몰라. 아마 세계에서 제일 강한 나라가 되었겠지. 자본주의의 결점은 너무 개인주의적이어서 궁핍한 사람들은 병이 들어도 병원문턱에도 못 가지. 그래서 건강보험과 보장성 보험 등등 사회보장제도가 생겨난 게 아니겠나. 엄격히 따지면 이건 공산주의 이념을 적용한 게 아닐까 싶어. 그 결과 가난한 사람도 병이 나면 마음 놓고 병원으로 갈 수 있잖니.

다 같이 일해서 함께 잘살 수 있다는 공산주의 사상은 취지는 좋지만 실행하면 발전이 없지. 뼈 빠지게 일해 봤자 공동재산인데 악착스레 일할 필요성을 못 느끼지 않겠나. 한 평생을 살고 되돌아보면 실수투성이인 게 인간이야. 그때의 지도자인들 수많은 생목숨을 꺾어버린 죄책감이 왜 없겠나. 다급한 시국에 소용돌이치는 민심을 잡지 못해 총칼을 휘두른 게 두고두고 죄스러울 테지.

억겁의 세월을 지내며 터득한 나의 지론은 서로 융합하며 사는 거야. 만백성을 통치하는 데 흑백논리는 너무 단순하지. 요즘 그게 일상에서 실현되고 있더군. 자동차도 모터와 엔진을 겸용해서 쓰는 하이브리드차로 바뀌고 있고, 병원도 인술과 자금력을 모아 운영하는 동업의가 속출하고, 사업도 몇 사람의 아이디어와 재원을 뭉쳐야 잘 굴러가더군. 하다못해 동네 미장원도 합해서 규모가 커야 성공할 수 있는 추세지. 이제 서서히 자아를 조금씩 죽이고 융합하는 추세가 와서 천만다행이야. 부딪치고 깨져 봐야 독불장군이 없다는 걸 알아.

지하에 묻혔던 내가 지상으로 나온 건 인간들을 깨우쳐주기 위한 지구의 각본일지도 몰라. 각기 제 잘났다고 지지고 볶고 피 터지게 싸워대니 지신이 나를 밀어 올려 전시품으로 세웠을 거야. 우직하고 굳건한 나를 보며 한 덩어리로 뭉치라고 말이야. 다시는 이 나라에 4 · 3사건 같은 참변이 없길 바라면서 묵묵히 '생각하는 공원'을 지키마. 부디 나의 말을 잊지 말게.

물굽이가 거센 걸 보니 광풍이 밀려올 것 같네. 귀향을 서두르게나.

겨울 강변에서

회야 강변에 산책길이 생겼다. 길이 없어 논두렁 밭두렁을 간신히 다니다가 쭉 뻗은 둑길이 열리고부터 텃새처럼 아침마다 강변을 서성인다. 두툼한 외투에 마스크까지 하고 산책을 나서지만 북풍의 위세는 살을 에일 듯 매섭다. 눈물이 흐르고 코끝이 찡해도 강물이 생성한 새벽공기를 들이키면 박하향기처럼 싸하여 정신이 개운해진다.

지난해 이 강은 길을 만드느라 만신창이처럼 파헤쳐졌다. 포클레인으로 둑을 허물고 망치로 돌을 깨고 모진 고행을 당했다. 마치 대수술을 당하는 중환자처럼 사경을 헤맨 뒤에야 탄탄대로 같은 둑길이 생겼다. 그때 어쩌다 새벽 강가에 서면 신음소리라도 들릴 듯 강이 아파 보였는데, 그렇게 제 몸을 헐어 길을 낸 강이지만 수심이 얕아 하천 취급을 받을 때면 괜히 억울해진다.

더구나 회야강은 도시 변두리에 사는 서민들처럼 욕심이 없다. 천성산 계곡에서 끊임 없이 물을 흘려 보내지만 지그시 품을 줄을 모른다. 들판과 식수원으로 보내기에 급급하여 언제나 가난뱅이 지갑처럼 얄팍하게 흐른다. 단지 여름에 큰물이 질 때만 몇 차례 넘실거리다가 가을이 깊어지면 물병아리들이 헤엄치기 좋을 만큼 찰박하게 흐른다.

둑을 쌓아 늘어가는 아파트 주민들의 자전거도로와 산책길을 만들기 전엔 강 건너편은 가까우면서도 건널 수 없는 곳이었다. 강기슭에 벚꽃이 구름처럼 피어오르고, 개나리며 철쭉이 환하게 유혹을 해도 다가갈 수 없었다. 먼발치에서 눈요기만 하던 곳을 이젠 징검다리를 건너다니며 허물없는 친구 집에 가듯 왕래가 잦다. 돌다리를 휘감아 흐르는 물소리도 좋지만 유리알처럼 쨍그랑! 갈라지는 얼음 소리는 내 아둔한 지성을 일깨워주곤 한다. 이 강은 청정한 심심계곡에서 내려오는 일급수라 왜가리며 할미새 등의 멋쟁이철새들이 너울너울 찾아든다. 올해도 어디서 왔는지 청둥오리 몇 쌍이 물 위를 헤엄치며 빛깔 고운 날개를 자랑하더니 허기가 진 모양이다. 주둥이로 어린 치어들을 낚아채느라 물속을 헤맨다.

강변을 지키는 겨울나무 위에 시린 새둥지가 동그마니 얹혀있다. 먹이를 기다리는 어린 새끼들의 수다라도 들어볼까, 귀를 열어보지만 쓸쓸한 바람소리만 윙윙거릴 뿐이다. 그 많은 참새들은 모두 어디로 갔는지. 저만치 강 가운데 백로 한 마리가 깨금발을 한 채 사색에 잠겨있다. 푸른 솔가지에 앉아 깔끔을 떠는 것도 시들해졌을까. 하기야 사람들처럼 탐욕을 좇아 허덕일 일도 없고, 자손들의 복록을 빌

만큼 애살스럽지도 않다. 우주 창공이 모두 제집인 것이 하늘을 훨훨 날다 주린 창자만 채우면 그만인데 무슨 걱정이 있겠는가.

길을 돌아보니 작은 움막집에서 살찐 오리 가족들이 뒤뚱거리며 포행을 나온다. 사람이나 짐승이나 떼를 지어 다니면 왁자하기 마련이다. 살찐 엉덩이를 실룩거리며 돼지처럼 꽥꽥! 소리를 질러댄다. 느긋하게 배부른 짐승들에게 날개는 한갓 치장일 뿐, 별로 쓸데가 없다. 큰 주둥이로 툭툭! 얼음을 깨뜨리며 끊임없이 먹이를 찾는 모습이 채워도 늘 허기에 시달리는 나를 보는 느낌이다.

작은 새들이 얼어붙은 가슴을 콕콕 쪼아대는 강. 먹이를 달라고 엄살을 떨지만 강은 무상하게 웃기만 한다. 들판과 사람들의 목을 축이기 위해 늘 제 몸을 비우는 생명의 젖줄인 회야강을 거닐며 자연에게 배운다. 욕심 없이 비우고도 넉넉하게 사는 법을…….

물 위의 사람들

– 〈톤렌 샵〉

여행은 말로 한다. 하지만 침묵을 동반한 여행도 때로는 있다. 두 눈을 부릅뜬 마이크로버스가 비틀비틀 산길로 접어들자 "수상촌으로 간다더니 웬 산중이냐."라고 웅성거렸지만 가이드는 말이 없다. 눈으로 스쳐가는 풍경을 담을 수밖에 없었다. 산길 초입부터 나타난 원두막 같은 민가들이 수없이 이어졌다. 서너 평 남짓한 원두막에서 손으로 밥을 먹어대는 모습이라니! 저 모습은 6 · 25동란이 지난 어렸을 적 이웃의 모습이 아닌가. 가난에 절여진 그즈음, 헛간에서 동냥해온 밥을 먹던 걸인들과 다를 바 없다. 그제야 가이드가 입을 다문 이유를 알았다. 때로는 침묵이 더 큰 저변을 울린다는 것을.

버스에서 타이어 타는 냄새가 나고 여기저기서 지루하다는 원성이 터져 나올 즈음에야 우리는 종착지에 도착했다. 똔레 호수에 내리쬐는 오월의 태양은 정수리가 녹아내릴 듯 뜨거웠지만 그곳 사람들은 아랑곳하지 않았다. 아이들은 접시에 찍힌 사진주인을 찾아다니고 어른들은 먼발치에서 그를 감시하고 있었다. 모두가 상거래를 하느라 정오의 더위쯤은 눈도 깜짝 않는다. 수면 위로 비릿한 바람이 훽 불어오더니 황톳물에 절여진 배 한 척이 우릴 향해 다가왔다. 머리를 숙여야만 무사할 만큼 낮고 허름한 배 안에서 더벅머리 소년이 머리 조심하라고 신신 당부를 한다. 어투를 보아 손님 모시는 훈련을 단단히 받은 모양이다. 저 어린 소년이 우리의 안전담당원이라니! 물 위의 사람들을 만나기 위해 선술집 의자 같은 판자때기에 앉아 가물거리는 수평선만 바라보고 있었다.

배는 수상매점이 있는 물 가운데쯤에서 정박했다. 사방을 둘러봐도 붉은 황톳물뿐인데 그 위에 모여 있는 허름한 수상 촌. 궁륭으로 둘러싸인 판자촌이 조는 듯이 고요하다. 언제 왔는지 젖먹이를 안고 있는 여인이 조각배를 타고 우리 곁에 와 있다. 고깔모자 밑으로 까무잡잡한 아기엄마의 얼굴이 낯설지 않다. 그 옛날 파월장병아저씨가 보내준 아오자이를 입은 여인의 사진과 흡사하다. 이국의 그녀와 눈빛이 마주쳤다. 그녀는 고개를 돌렸고 어린것이 대신 두 손을 내민다. 얼마나 막막할까. 슬픔은 이내 번졌고 배 안은 축축이 젖어들었다. 모두들 손에 가진 것들을 건네기 시작했다. 지폐, 생수, 과자, 볼펜, 모자 등등. 가이드가 여행객의 동정심이 이들을 망친다고 제지를 했지만 아무 소용없다. 언제 또 다시 여기에 오겠냐며 시답잖은 것이지만 아낌없이 건넸다. 붉은 호수에 풍랑이라도 일면 금방이라도 뒤집힐 위태로운 쪽배 가족에게 뭘 준들 아까울까 싶다. 이렇게 구차한 줄 알았더라면 구호품이라도 준비해 올 걸, 이곳에 온 명분이 서지 않는다. 여행 가방을 터질 듯이 채워오면서도 이들에게 건넬 것이 없어 미안하다. 땅 몇 평이 없어서 물 위에 둥지를 튼 사람들에게 빈손으로 온 처세가 미안할 따름이다.

원주민들과, 월남난민들이 모여 사는 이곳 어른들도 측은하지만 아이들은 더 가엾다. 든든한 지신地神이 받들어 키우는 땅이 아닌, 변덕 많은 수면 위에서 진종일 고무함지박을 타고 놀아야 한다. 물 위에 자식을 띄워 놓은 부모의 심정을 당해보지 않고서야 어찌 다 알까. 가이드가 아픈 곳에 모시고 와서 미안하다며 음료수를 권했지만 넘어가지 않는다. 우리말을 알아듣는 매점아이에게 열심히 공부해서 잘 살라고 했더니 고개를 끄덕였다. 그제야 막힌 가슴이 조금 뚫리는 것 같다. 하지만 내가 해 줄 수 있는 건 가벼운 말뿐인 걸.

한동안 정박했던 배가 떠날 채비를 하자 물 위의 아이들이 잽싸게 올라와 보채기 시작했다. 배가 속력을 내도 내릴 기미가 없자 보는 내 마음이 다급했다. 내가 안 준다고 습관을 바꿀 것도 아니지 않는가. 지폐 한 장씩을 받아든 아이들이 "굿~바이~." 하며 풍덩 물속으로 뛰어내린다. 물고기와 다름없는 삶이다. 물속으로 내리꽂힌 아이들이 한참 후에야 하얀 이를 드러내며 수면 위로 떠올랐다. 그리곤 손을 내저으며 첨벙첨벙 어디론가 가고 있었다. 그들은 식물이 뿌리를 내리는 땅 대신, 물고기의 비릿한 체액이 물안개 되어 피어오르는 황톳물 위에서 부초처럼 떠서 산다. 반짝반짝 닦아서 벽면 가득 걸어둔 냄비가 내내 마음에 걸렸다. 밤새 무사했다는 증표로 걸어둔다니 사고다발을 의미하는 게 아닌가.

톤레샵을 등지고 떠나오려니 정인을 두고 온 양 자꾸 돌아 보였다. 말주변 좋은 가이드가 이곳 사람들의 애환 한 가지를 들려주었다. 공동체 생활을 하는 톤레 호수의 부부들은 잠자리를 못한단다. 그래서 멀리 산기슭까지 원정을 가서 나무에다 쪽배를 매어 놓고 사랑을 나누고 온다나. 침울하던 배 안에 웃음소리가 키득키득 터져 나왔다. '얼마나 낭만적인 아담과 이브의 침실인가.' 그렇게 웃겨놓고는 가이드는 또 다시 말문을 닫아버렸다.

배에서 내리자 몰래 찍은 사진쟁반이 내 손에 안겨졌다. 내 얼굴이 물 위의 사람들보다 더 일그러져 얼른 가방에 넣어버렸다. 물결치는 대로 살아가는 그들의 마음도 슬쩍 훔쳐 넣었다.

마두금馬頭琴

낙타가 사경을 헤맨 끝에 새끼를 낳았다. 물 한 모금 벌컥벌컥 마실 수 없는 고비사막에서 힘에 부친 난산을 한 것이다. 산고의 고통이 얼마나 심했으면 귀여운 새끼가 안중에도 없을까. 멀찌감치 서서 '내 몸 가누기도 힘든데 새끼가 대수냐.'는 식이다. 처절한 어미의 고통을 갓난 새끼가 알 리 없다. 비틀거리면서도 어미 젖무덤을 찾아 나서는 새끼 때문에 주인은 애간장이 타들어간다.

해산한 낙타가 사막 한가운데 망연히 서 있는 모습을 카메라가 오래도록 비추고 있다. 죽을 만큼 고통스런 모습이 안타깝다. 그래도 태어난 자식을 어쩌겠는가. '낙타야, 제발 새끼에게 젖을 주렴.' 초조한 마음으로 지켜보자니 회오리바람이 정신 좀 차리라는 듯 산모의 등을 휘갈긴다. 낙타주인은 젖병에 양유를 담아 먹여보지만 새끼낙타는 번번이 밀어내기만 한다. 말이 통하지 않는 짐승과의 소통을 고민하던 주인은 궁여지책으로 음악을 들려줄 결심을 한다.

사막의 바람은 무소불위의 연주자다. 남자가 매정한 어미낙타의 등에 자신의 애장품인 마두금을 매달아놓고 선창을 하며 바람에게 연주를 청한다. 고독한 사막을 내달리던 바람이 신문고를 두드리듯 마두금을 흔드니 악보도 없는 곡조가 서서히 사막을 흔든다. 구슬픈 멜로디가 산고에 지친 낙타의 심금을 울렸을까.

아름다운 음악은 우주만물과 소통하는 공통언어라 했다. 멍하니 서 있던 낙타가 마두금의 애달픈 선율을 듣고 눈물을 주르륵 흘린다. 잠시 새끼를 버린 회한의 눈물인가. 암컷으로 태어난 가혹한 운명이 서러웠을까.

우울한 마음을 눈물로 씻어냈나 보다. 어미낙타가 갑자기 뿌리친 새끼에게 다가가서 슬며시 젖을 물린다. 어미의 퉁퉁 불은 젖가슴에 매달린 새끼가 쏟아지는 모유를 물고 떨어질 줄 모른다. 휴! 마음 조이며 지켜보던 시청자들도 가슴이 뭉클했으리라. 하잘것없는 한 마리 짐승도 모정 앞에선 어쩔 수가 없나 보다. 음악으로 짐승의 마음을 돌린 마부의 지혜가 무릎을 치게 한다. 지난여름 TV에서 보았던 고약한 산모에게도 음악을 들려줬더라면 그러진 않았을까.

취재기자가 어느 아파트 관리실에서 CCTV를 틀어 달라고 했다. 잠깐 뒤 화질 좋은 모니터에 젊은 여자가 검정 비닐봉지를 묵직하게 채워 지하주차장 구석에 슬쩍 버리고 간다. 얼마 후에 순찰을 돌던 경비원이 검은 물체를 쓰레기인 줄 알고 들춰보다가 놀라 멈칫 뒤로 물러선다. 이럴 수가! 검정비닐봉지 속에 담긴 것은 쓰레기가 아니라 손발이 꼼지락거리는 갓 태어난 핏덩이다.

추적한 결과 비닐봉투를 버리고 간 여인은 방금 아이를 해산한 산모다. 탯줄에 매달린 새끼를 젖 한 모금 먹이지 않고 그대로 쓰레기처럼 버린 것이다. 어쩌다 사람 사는 세상이 이 지경이 되었을까. 전신에 소름이 돋는다. 자식을 버리는 어미 심정이야 오죽하겠냐마는 그 무슨 변명으로도 용서받을 수 없는 죄악이다.

피치 못할 사정으로 키울 형편이 못 되면 보육원에라도 맡겨야지. 썩은 생선 버리듯 던지고 가다니. 생명에 대한 모독이다. 태어나자마자 어미 손에 버려진 아이는 몇 시간을 비닐봉지 속에서 사투를 벌이다가 간신히 경비원에 의해 살아났다니.

사막의 낙타와 사람, 두 산모의 그림을 화면으로 지켜보며 마음이 착잡하다. 문명은 나날이 발전하고 있는데 인류의 마지막 양심인 모정의 추락은 무엇을 의미하는가. 갑자기 세상이 무섭다.

나도 낙타주인처럼 마두금 하나쯤 간직하고 싶다.

* 마두금馬頭琴: 몽고의 민속악기. 현악기의 일종.

적산가옥

가끔 일본인들의 진면목이 무엇인지 헷갈릴 때가 있다. 일본여행을 다녀온 이야기를 들으면 그들만큼 친절하고 검소하고 양심 바른 민족이 없다고 한다. 돌아가신 조모께서도 일본상인 앞에선 주머니를 풀어도 불안하지 않더라고 했다. 말이 통하지 않아 큰돈을 주면 받을 만큼 받고 정확하게 거슬러주는 정직한 사람들이라며.

그런 사람들이 왜 남의 나라를 침략하고 진귀한 보물들을 훔쳐갔는지 이해하기 어렵다. 일본인들은 개개인의 피는 붉고 정치인들의 피는 검은 것일까. 몰염치한 왜인들의 흔적을 다시 새겨 볼 겸 군산으로 문학기행을 가는 길이다.

눈을 덮어쓴 넓은 평야가 오늘따라 병상에 누운 듯 괴로워 보인다. 자연과 사람이 다를 바 없다는데 들판인들 아픔이 없을까. 문드러진 상처를 보여주기 싫어 이곳 지신地神이 연막이라도 치는 걸까. 하늘은 침울하고 공기는 차갑다. 겨울철새 몇 마리가 날아다니며 동면에 든 평야를 깨워보지만 꿈쩍 않고 누워있다. 모질게 당한 상처는 아물어도 날이 궂으면 욱신욱신 아리는 법. 찌뿌드드하게 삭신이 쑤시는데 위로도 되지 않는 객들이 찾아오니 귀찮은가 보다. 땅도 저렇듯 억울함을 털지 못해 이를 갈고 누웠는데 하물며 사람임에랴.

이태 전에 수를 다하신 시어머님도 날만 궂으면 저 들판처럼 끙끙 앓았다. 산후에 땔감이 없어 초량 뒷산에 솔가리를 긁으러 가셨다가 왜놈들한테 모진 매를 당하셨단다. 내 나라에서 땔감을 구하는데 왜놈들에게 고초를 당했으니 오죽했을까. 그러기에 노후엔 과거사를 꺼내 질근질근 씹으며 세월을 보냈다. 아흔여덟 해를 살다 보니 벗은 물론이고 두 따님마저 앞세우고 이야기 상대라곤 나뿐이었다. 유달리 천장이 높아 썰렁했던 안방에 들어서면 막혔던 물꼬가 트이듯 얘기가 주절주절 귓전으로 흘러들었다. 대부분 일제치하의 사연들인데 듣고만 있어도 가슴이 답답하다. 그중에서도 적산가옥 때문에 시아버님을 원망하던 말씀이 아직도 귓전에 생생하다. 헐벗고 배고픈 시절, 대쪽 같은 남편과 살려니 분통이 터졌다고 누누이 되풀이하셨다. 사연인즉 해방이 되어 일본사람들이 쫓겨 가게 되자 양심가로 평판이 자자했던 아버님을 찾아와 살림살이를 통째 맡아달라고 애원했다 한다.

“○○장, 우리가 믿을 수 있는 사람은 당신뿐이오. 이 집을 맡아두었다가 우리가 돌아오면 주고, 만약 못 돌아오면 당신이 가지세요.” 수세에 몰려 어찌할 바를 몰랐던 그들이 간곡히 부탁했지만 아버님은 일언지하에

"작지만 내 집이 있는데 당신네들이 살던 집을 맡아달라고요. 어림도 없는 소리."

짓밟힌 식민지생활에 응어리가 졌는데 그들의 체취가 찐득하게 밴 집을 맡는다는 건 자존심이 용납하지 않으셨던가 보다. 그래서 단박에 거절하셨으리라. 하지만 궁핍에 찌든 어머님은 그게 그리도 절통하셨는지 평생을 두고 그 적산가옥을 들먹이셨다. "정원이 넓고 아름드리 노송과 벚나무가 심어져있던 그 집을 못이긴 듯 받아두었더라면 지금쯤 부자로 살긴데……." 아이들 공부 시킬 책상 하나 달랑 가져온 융통성 없는 양반이라고 원망을 했다. 그럴 때마다 아버님은 전혀 후회 없다는 듯 면벽을 하고 앉아

"그런 소리 하는 게 아니오."

일침을 놓았다. 이해타산을 따지는 현실적인 어머님과 꼬장꼬장하신 아버님의 가치관이 팽팽하게 당겨지던 장면이 어제인 듯 선하다. 당연히 속물근성에 일가견이 있는 나로선 어머님의 손을 들어드리고 싶었지만 이제야 생각하니 그러지 않길 잘했다 싶다. 물질은 풍화에 삭아지지만 자존심만은 시공을 초월해 존재하는 것이기에. 날이 갈수록 사욕 없던 아버님의 처세에 내 마음이 기운다.

군산 땅을 둘러보다 어머님이 그리도 애석해하시던 적산가옥을 만났다. 정원 넓고 호사스러운 구마모토의 별장 적.산.가.옥. 그들의 말로 별장이지 우리의 입장에선 내 땅에 지은 적의 집이다. 좋은 목재로 천 년이나 살듯 지어놓고 정작 주인이 쫓겨가버린 쓸쓸한 집이기도 하다. 떵떵거리던 옛 주인을 기다림인가, 백 년이 가까운 세월을 풍화

에 시달리면서도 끄떡없이 버티고 있다. 집도 사람도 시절인연을 잘 만나야 운세가 술술 풀린다 했다. 한때는 문전성시를 이루었건만 허욕이 도를 넘는 주인으로 인해 지금은 따가운 눈총에 인적도 드물다. 저 집에서 호남평야의 땅 5만 마지기를 긁어모았다니……. 이 땅의 지주들은 뭘 먹고 살았단 말인가. 적산가옥 주인들의 갈취로 인해 굶기를 밥 먹듯 했다는 동포의 피맺힌 절규가 들리는 듯하다. 이 땅의 민족들은 굶고 있는데 기름이 반지르르한 쌀을 태산같이 실어 일본으로 보내던 군산항 또한 한 많은 곳이다. 슬픈 뱃고동 소리만 텅 빈 항구를 채웠을 지난날을 상상 속에 만나고 있다.

적산가옥을 탐내시던 어머님도, 자존을 지키시던 아버님도 시대를 잘못 만나 고생만 하다 가셨다. 척박한 땅에서 거둔 알곡까지도 공출 바치고 온종일 보리밥 한 주걱으로 허기를 달랬다시던 말씀이 아프게 남는다.

청주 세미나

밀창에 붙은 매미 한 마리가 목이 붓도록 울어댑니다. 이젠 소슬바람 부는 가을이 오려나 봅니다. 짧은 생을 탓하며 휘감아 올리는 저 작은 미물의 소리가 전에 없이 애처롭게 들리는 것은 왜일까요. 사랑은 받아 본 사람이 준다고 했던가요. 아마도 속리산에서 받은 뜨거운 정이 제 가슴을 후끈하게 데워주나 봅니다.

저는 지금 그곳 청주를 다녀온 지 일주일이 지났음에도 부푼 마음을 가라앉히지 못하고 있습니다. 해풍에 절인 가슴이 애드벌룬처럼 팽팽해져 저 높은 창공에 두둥실 띄우고픈 심정입니다. 직지의 산실 고인쇄박물관과 단재영당, 그리고 법주사를 관람했습니다만 동공에 담긴 것만으로 이렇게 가슴이 만수위로 넘실거릴 순 없을 겁니다. 사람에겐 격이 있고 격을 인정받을 때 가슴이 충만해지는 법이지요.

물질만이 능사인 이 시대에 글을 쓰는 사람은 사막을 걷는 만큼 힘든 여정입니다. 어쩌면 인정받지 못해 허덕이는 영혼의 방랑자인지 모릅니다. 고뇌하며 녹여낸 한 줄의 글로써 피폐해진 가슴을 적시려 해도 받아주는 이 없는 오늘의 수필가들은 외로움에 지쳐 있습니다. 내가 쓰고 내가 읽어야 하는 자칭 문인인 저희들에게 박영수 회장님과 충북 문인들께서 베풀어 주신 융숭한 대접도 과분했습니다만, 한 줄의 축사에 눈시울을 붉히게 하고, 한 끼의 성찬 앞에 목젖을 뜨겁게 하시던 충북도지사님과 청주시장님의 성원은 시들시들 말라가는 수필가들의 자긍심에 듬뿍 뿌려주는 단비였습니다. 아니 힘없는 저의 목에 받침대를 세워주신 구원의 대접이었습니다. 바람 맑고 달빛 맑다는 그곳 청주는 문인들을 인정해주는 선비의 고장이더군요. 그것은 당연히 회장님과 충북수필가들의 높은 덕망과 수려한 작품 덕택이라 믿습니다.

평소에 쓰기보다 읽기를 좋아하는 저의 머릿속엔 착하디착한 찰스 램의 수필을 닮은 자그마한 감동의 글들이 많이 고여 있습니다. 그중에서도 〈땅 한 평 책 한 권〉, 〈소년병과 고모부〉, 〈어머니의 강과 눈길〉, 〈녹번동의 달과 사흘이면〉, 그리고 〈유화 한 폭과 가지치기〉, 〈수필과 감자떡〉 등, 곱디고운 정서가 찰랑찰랑 고여 있는 글들이 알고 보니 충북수필가들의 작품이더군요. 피를 나눈 자식도 예쁜 짓을 해야만 사랑을 받습니다. 자분자분 얘기하듯 풀어내는 그곳 수필가들의 애잔한 문장들이 도민과 시민을 감동시켰기에 저희들도 덩달아 후한 접대를 받았다고 생각합니다. 문인으로서 인정받고 계시는 박 회장님과 충북수필가님들이 더없이 부러울 뿐입니다.

제가 문단에 나온 지 얼마 되진 않았지만 그간에 서러웠던 기억도 없진 않습니다. 주변 문학이니 살롱 문학이니 해서 수필의 격을 낮추는 말을 들을 때면 왜 쓰느냐고 자책했었지요. 신변잡기나 긁적인다는 수필을 쓰려면 마음에 짐이 되었습니다. 문학의 본질이 삶의 이야기로 마음을 움직이려는 것 일진대, 자신의 체험을 발효시켜 진솔하게 풀어내는 수필만 유독 변방의 문학이라며 시큰둥하게 봐 줄땐 정말 힘이 빠졌습니다. 그런데 충북부지사님의 짧은 축사 한마디에 그 모든 멍울들이 눈 녹듯 녹아내렸습니다.

"조근조근 이야기하듯 풀어낸 수필로 고달프고 지친 가슴을 따뜻하게 데워 달라."라는 말씀에 천군만마를 얻은 듯 가슴이 벅차올랐습니다. 부끄럽습니다만 저의 기억 속엔 아직 그런 부탁 말씀을 받아본 적이 없습니다. 우렁우렁한 바리톤 음성으로 장내를 울리던 축사 한 편에 응어리진 가슴이 풀어지며 새로운 다짐 하나가 생기게 되더군요. 염분에 부식된 내 가슴의 녹을 긁어내고 한 줄의 글도 혼신을 다해 써야겠다고 다짐하고 또 다짐했습니다. 예로부터 부드러운 것이 강한 것을 이긴다는 말이 있지요. 비방보다는 칭찬으로, 채찍보다는 사랑으로 달래는 곳이 그곳 충북 청주이더이다.

그것만이 아닙니다. 일손이 달리자 소매를 걷어붙이고 손님 접대에 분주하시던 그곳 여성수필가들의 자태는 또 얼마나 고왔다고요. 폭염 속에서도 얼굴 한번 찡그리지 않고 내 집 손님인 양 음식을 날라 주시던 다소곳한 모습은 조선시대 어느 양반집 부인네를 떠올리게 하더군요. 산세 장엄한 속리산자락에서 활활 타오르는 야경은 또 얼마나 장관이었습니까. 남녀노소 가릴 것 없이 손에 손을 잡고 빙빙 돌던 그

장작불 앞에서의 정겹던 춤 열기는 문장대를 달굴 만큼 뜨거웠습니다. 무대에선 뱃전에 퍼덕이는 생선 같은 활기로 장기자랑을 벌이고, 뒤편에선 이태백의 기질을 능가하는 태평한 정담들이 술잔을 따라 오락가락 끝이 없었지요. 동여맨 심신을 참으로 오랜만에 풀어헤치며 팔월의 막바지 밤을 질펀하게 채색했습니다. 그 밤은 추억의 한 페이지에서 결코 지워지지 않을 겁니다. 음력 칠월 열사흘 달이 속리산 정상에서 미소 짓던 그 밤을 언제 다시 또 가질 수 있을는지요. 저뿐이 아니겠지요. 전국에서 다시 한 번 속리산의 세미나를 기대하시는 분들이 많을 걸로 압니다. 아무리 해도 제 짧은 필력으로는 벅찬 마음을 세세히 다 전하지 못할 것 같습니다. 못 다 한 얘기는 다음 세미나장에서 나누기로 하고 이만 고마움에 대한 인사를 마칠까 합니다.

동백

지천으로 피는 벚꽃도 꽃잎을 소지종이 올리듯이 받들어 날린다. 사나운 맹수도 새끼를 잃으면 미친 듯이 산야를 헤매며 울부짖는데, 엄동설한에 아프게 피운 제 꽃을 시들기도 전에 그냥 뚝 끊을 수가 있을까.

끈끈하게 잡는 시늉이라도 하면 덜 서운하련만. 미련 없이 가란 듯이 툭 내팽개치는 동백꽃이 가엾다. 분신이 떨어지면 한동안 시들시들 맥이 없을 터인데 동백나무는 기름독에 빠진 것처럼 반질거려서 야살스럽기까지 하다. 꽃과 잎을 유별스레 차별하는 나무를 보며 오래전의 연속극 〈아들과 딸〉이 생각난다.

이란성 쌍둥이로 태어난 딸은 부모로부터 유난히 천대를 받았다. 어머니 '정해선'의 가슴엔 오직 아들 생각뿐이다. 폐결핵을 앓는 딸이 직장에 다녀도 애련함이라곤 없다. 오히려 똑똑한 딸이 집안의 정기를 빼앗아가서 아들이 풀리지 않는다고 지지리도 미워했다. 갈바람에 시달리는 구절초같이 여리면서도 강인한 김희애의 표정이 지금도 잊히질 않는다.

옛날 어머니들에게 아들은 자신의 자리를 굳히는 버팀목이었다. 솜씨와 맵시가 없어도 떡두꺼비 같은 아들만 낳으면 모든 흠집이 묻혔기에 더더욱 소중한 존재로 여겨졌을 터이다. 동백꽃은 남존여비 차별을 혹독하게 받던 딸들의 혼이 추운 겨울에 송이송이 피어나는가 싶다. 지는 꽃을 보며 딸들의 아픔을 느끼는 이유가 내 안에도 깊숙이 한자리 차지하고 있다.

나의 고향은 선사시대 부족국가였던 우시산국의 수도였다. 어른들이 앞산에 사방공사를 하고 올 때면 반드시 토기 그릇 몇 점은 파내오곤 했다. 마을의 골목 이름도 양지각단, 궐각단, 안각단 등으로 그때의 지명들이 여태 불려지는 보수적인 동네이다. 아들이 없는 집에선 철저히 양자를 들여야 한다. 재산도 딸들에겐 국물도 없고 양자에게 모두 넘겨주는 곳이다. 지금도 딸들에겐 상속권이 주어지지 않는 동네이다. 시집보낸 딸은 출가외인이라고 못살아도 돌보지 않고 그것으로 끝이라고 생각한다. 아들보다 딸이 잘 풀리면 싫어하고 모든 권한을 쥔 아들들은 동백나무 이파리처럼 반지르르 윤이 난다.

그곳에서 자란 서울 친구는 아들보다 딸이 똑똑하다고 불만이 가득하다. 저 계집애가 아들의 정기를 모두 빼앗아갔다는 소리를 들으면 동백나무의 냉기가 친구의 몸에서도 흐르는 듯하다. 지인 한 분도 서울에 있는 딸의 집값은 올랐는데 부산의 아들 집값은 제자리걸음이라고 억울해한다. 딸 몫으로 준 돈을 언젠가는 받아서 아들에게 줘야겠다고 호시탐탐 벼르고 있다. 또 다른 친구는 아들 부부와 딸 부부를 데리고 횟집에 가면 은근히 딸네 쪽에서 계산하길 바란다고 한다. 아들 돈은 아깝고 사위가 쓰면 횡재한 기분이 든다나.

올 겨울에도 베란다에서 동백꽃이 몇 송이 피더니 목을 뚝 꺾어 내동댕이쳐졌다. 단칼에 떨어지는 전지의 주검같이 불길하다는 예감에 집에선 키우지 않는다는데 나는 왠지 동백꽃을 집에서 키우고 싶다. 아마도 내 속엔 동백꽃의 설움이 흐르는 모양이다. 해동하면 동백화분에 거름을 푹신하게 넣어 올 겨울엔 푸지게 꽃을 피워볼 요량이다. 잎에 정기가 넘치면 꽃에도 너그럽게 자양분을 먹여주지 않을까 싶어서다. 이운 꽃을 끝까지 달고 있는 끈끈한 정을 보고 싶다.

* 우시산국의 수도: 울산시 울주군 웅촌면 검단리.

일심동체

쓴웃음이 나온다. 남편의 사랑을 흠뻑 받지 못한 젊은 아내가 침실에서 칭얼대자 시큰둥한 남편이 대뜸

"우린 가족이지, 가족끼리는 그러는 게 아니야."

찬물을 끼얹어버리던 TV 프로 한 장면 때문이다.

시청률을 높이려고 풍자해서 만들었다고 생각하지만 쉬 잊히지 않아 가끔 실소를 머금곤 한다. 권태기에 접어든 남편의 머릿속을 해작여 보면 이미 다른 생각만 가득해서 앞으로 전개될 장면은 불을 보듯 뻔하다. 여자의 자존심이 무너지면서 가정의 뿌리도 서서히 흔들릴 것으로 여겨진다.

노래연습장에 오는 손님 중에 부부끼리 오는 경우는 손가락으로 꼽을 정도이고, 연인들이 더 많다. 감미로운 반주에 맞추어 부부가 함께 노래한다는 것은 아주 싱거운 모양이다. 어느 날 단골손님이 수

수한 차림의 여인과 함께 들어오기에 사모님이냐고 물었더니 대뜸 "어떤 미친놈이 마누라를 데리고 노래하러 오더냐."라고 쓴소리를 날리는 바람에 한바탕 웃었다. 간혹 부부모임 끝에 노래방엘 오면 남편들은 떫은 감을 먹은 듯 시무룩한 표정들이다. 그 가운데 노래에 일가견이 있는 분은 실력을 과시하며 어울리지만, 다른 분들은 휴게실에서 담배를 피우거나 TV를 보거나, 아니면 휴대전화로 연락을 하며 시간이 끝나기만을 기다린다.

중년이 넘도록 어울리다 보니 친구부인의 노래마저도 호기심이 없는지 제발 시간 더 넣지 말라고 협박 아닌 협박을 한다. 부인들끼리만 목청을 높여 부르다가 시간이 끝나기가 무섭게 독촉하는 남편들로 인해 자리를 떠버리는 정황을 볼 때면 왜 짝을 맞춰 사는가 싶어 결혼에 대해서 곰곰이 생각해 본다. 부부 사이란 더 탐구할 가치가 없어지면 퍼져버리는 것이다. 청실홍실 곱게 엮은 인연이지만 애정의 불꽃이 삭아지면 자식 때문에 살아야 하고 정으로 살아야 한다. 그래서 가끔은 어디 심장이 박동치는 일이 생기지 않나 눈을 부릅뜨며 살피곤 한다.

어느 여가수는 육십이 훨씬 넘었어도 남편에게 화장기 없는 얼굴을 보이지 않으려고 새벽부터 단장을 한다고 한다. 새뜻함을 잃지 않으려고 유기그릇에 녹을 닦듯 애쓰는 여인은 얼마나 사랑스러울까. 캐내도 고갈나지 않는 광산같이 신비스러워 탐색의 끈을 놓지 않을 것 같다. 모름지기 여자는 쉽게 알 수 없는 비망록 하나쯤은 품은 듯이 살아야 매력을 잃지 않는가도 싶고, 겹겹이 속을 둘러싼 양배추같이 속마음을 드러내지 않아야만 하는가 싶다.

친구들끼리 해외여행을 갔을 때다. 서울에서 온 부부 한 쌍이 우리 팀에 합류하게 되었는데 날마다 신경전을 겨루다 아내가 눈물을 훔치곤 해서 여간 신경 쓰이는 게 아니었다. 같은 일행으로서 마음이 불편해 사정을 들어봤더니 아주 사소한 일들로 여행의 기분을 구기고 있었다. 왜 캄보디아 불상에까지 불전을 놓아야 하나, 한국에 가져가면 쓰지도 못할 물건들을 왜 사나, 발마사지는 한 번으로 충분하지 왜 또 받나 등등, 사소한 간섭으로 티격태격하고 있었다. 부부 일심동체는 희망사항이고, 실제는 이심이체異心二體일 뿐인데 대부분 착각하며 사는 것 같다.

청춘남녀들에게 결혼은 환상이다. 타지에서 온 친구를 대접하느라 분위기 있는 찻집에 갔는데, 건너편 자리에서 싱그러운 남녀 한 쌍이 서로 탐색하느라 눈빛을 반짝이고 있었다. 얼굴에 홍조를 띄운 걸로 봐서 부부가 되고 싶은 모양이었다. 나는 그들에게 '잃어버린 너'라는 제목으로 수기를 쓴 작가 이윤희 씨만큼 상대를 사랑할 수 있으면 시작하라고 눈빛 편지를 써서 보냈다.

무용교사이던 작가는 교통사고로 만신창이가 되어버린 연인을 가족 몰래 숨겨두고 정성으로 보살핀다. 일그러진 얼굴에 거동조차 할 수 없는 연인의 대소변을 받아내면서도 그 남자의 스킨로션 냄새 때문에 행복해하는 여자. 그러다가 죽음을 맞이했을 때 무덤에 빗물이 스며들까봐 비닐을 사서 허겁지겁 뛰어가는 주검까지 사랑하는 여자. 그런 정도의 사랑을 할 수 있다면 한번 해보라고 무언의 권고를 했다.

그렇잖고 자신의 모자라는 부분을 채우려고, 아니면 외로움 때문에 결혼을 하는 건 실수라고, 둘이 있어도 마음이 하나되지 못하면 마찬가지라고 내밀한 타전을 쳤다.

퇴계 이황 선생은 장인의 간곡한 부탁을 받고 실성한 여인을 후취로 맞이하면서 손님을 모신다고 결심하셨다 한다. 헤진 도포자락을 빨간 실로 꿰매어 입혀도 손님이 했기에 말없이 입고 다녔다는 일화는 감동적이다. 소설 〈사랑방손님과 어머니〉같이 짜릿한 관계로 살진 못해도, 사랑채에 조심스러운 손님 한 분 모신다고 생각하면 싸움도 권태도 없을 것 같다. 손님상을 차리려면 계란찜 하나를 만들어도 정성으로 간을 맞추고 실고추와 실파를 썰어 고명을 얹는다. 옷매무새도 격을 갖추어 입을 테고, 음성도 나긋하게 참빗질을 할 터이다. 남편 역시 안채에 손님이 있다고 생각하면 품위 있게 행동해서 흠모하는 눈빛을 받지 않을까.

안채에 가끔 밀애를 하듯 드나들던 옛 어른들은 중년이 넘어도 가슴 두근거리며 살았지 싶다. 쉬이 타성에 젖는 부부 사이에 거리를 두어 그리움이란 물결을 출렁이게 했다. 아득한 수평선에 시선을 꽂으면 가슴이 뛰듯, 사랑손님과 안손님이 되어 예우하며 살아간다면 늘 애틋한 부부가 되지 않을까 하는 생각이다.

환원

손끝 야문 고향 친구에게서 연락이 왔다. 묵은 김치를 가져갈 겸 한번 다녀가라는 전갈이다. 우리 집에도 김장김치가 있지만 친구의 다정한 말이 좋아 달려갔더니 부지런한 냄새가 솔솔 난다. 삼베 베갯잇은 풀을 먹여 빳빳하고 손뜨개질한 레이스는 소파와 식탁 위에 나실하게 덮여있다. 앞 베란다에 둔 항아리 속엔 된장이 누렇게 익어가고, 주방에선 건강이 좋지 못한 남편을 위해 곰국이 펄펄 끓고 있었다.

오가는 정이 비슷해야 우정을 이어갈 수 있다는 생각 때문인지 받으면 마음 한편엔 갚아야 할 무게가 실린다. 그 친구는 항상 여윳돈을 준비해 두고 있어서 잠깐씩 돈을 빌릴 때도 있다. 몇 달 전에도 어려운 부탁을 했더니 친구의 남편이 즉시 통장으로 보내주어 일을 쉽게 풀어나갔다.

원리금을 갚으면서 은행 이자에 나를 믿고 빌려준 고마움을 더 얹어 보냈더니 기어코 이자의 초과분을 돌려 보내왔다. 돈으로 정을 표현한 점이 나의 과오였나 싶어 국수 한 상자를 전해주고 왔다. 여름엔 반찬 없는 밥보다 멸치장국에 말아먹는 국수가 더 제격인 듯해서다. 며칠 뒤 친구는 국수예찬을 늘어지게 해왔다. "아니, 무슨 국수가 그래 쫄깃하고 맛있노. 온 가족이 아침부터 국수만 먹고 지낸다 아이가." 까무러지듯 감탄사를 연발하더니 햇멸치 한 포를 보냈다는 것이다.

밥맛이 없어 해거름 저물녘에 햇밤을 삶았다. 오뉴월 뙤약볕에 몸을 구워 옹골차게 영근 밤을 먹으려니 죄책감이 든다. 듬직한 땅에 뿌리를 내려 대대손손 번창하려는 꿈을 깡그리 삶아 버리는 나의 횡포가 무자비해서다. 생으로 먹히는 과일은 그나마 씨앗을 번식시킬 수 있으나 삶은 밤은 아무런 미래 없이 나의 몸으로 흡수될 뿐이다.

모든 곡식은 익혀진 뒤 사람에게 희생된다. 문득 지구에 태어나서 죄만 짓는다는 생각이 든다. 나도 최후의 순간엔 자연의 밥이 되어주어야만 영혼이 가벼이 떠날 것 같다. 내가 밤나무에게 빚을 갚는 길은 사후에 분골을 나무뿌리에 묻어 주는 것이다. 육신 그대로 땅속에 묻혀 지하수를 오염시키기보다 분말로 변한 뒤 자연으로 돌아갈까 싶다.

얼마 전 신문의 해외토픽을 읽었는데 시체를 화장하지 않고 얼려서 질소에 담근 뒤 분말을 만들어 나무 밑에 묻어주는 수목장이 성행한다고 한다. 누린내로 공기 오염시키는 일도 없을 테고 기름도 들지 않아 폐 끼치지 않고 자연으로 돌아가는 방법이란다. 그런데 또 다른 지면에는 재벌총수의 탈세가 대서특필로 다루어지고 있다. 좋은 제품을 만들어 재력을 쌓았겠지만, 그 회사의 상품을 고객이 이용해 주지 않았다면 많은 이익을 낼 수 없었을 터이다. 정당하게 세금을 납부했더라면 환원이 될 터인데 재벌총수의 인품에 누가 될 것 같아 안타깝다. 빈손으로 갈 몸인데 과욕이라는 바이러스가 인품을 변질시키고 있다. 그토록 쌓아두면 어디에 쓸 건가. 늦가을 서산에 해가 질 무렵이면 곡식 낟알 쪼아 먹던 참새 떼와 까마귀 떼도 욕심을 거두고 숲속의 보금자리로 찾아간다. 천 년을 산다는 학도 그날의 양식은 그날로 해결하는데 기껏 백 년을 못 넘기는 인간은 쌓아두는 허욕만 가득하다.

어렸을 적 섣달그믐이 되면 할머니는 빌려온 그릇 하나라도 주인을 찾아 돌려보내라고 하셨다. 그것은 세모의 가장 뜻 깊은 행사였다. 돌려준다는 것. 그것은 물이 흐르듯 당연한 일인데 욕심이 끈끈하게 휘감는다. 세상을 프리즘으로 투과시켜 보는 예술가들은 자연에서 받은 기묘한 감성을 작품으로 빚어내 메마른 영혼을 촉촉이 적셔준다. 그런 재주가 없는 나는 세상 구경한 관람료는 못 낼지언정 체험담이라도 남겨두어야겠다. 혹여 내 글에 공감대를 가진 이가 있다면 그것으로 만족하리라.